Dipl. Kfm. Dr. Wilhelm Mette

Das Problem der Nettoumsatzsteuer im Handwerk

FINANZWISSENSCHAFTLICHE FORSCHUNGSARBEITEN

Neue Folge Heft 11

Herausgegeben von Prof. Dr. G. Schmölders, Universität Köln

Das Problem der
Nettoumsatzsteuer im Handwerk

Von

Dipl. Kfm. Dr. Wilhelm Mette

DUNCKER & HUMBLOT / BERLIN

Alle Rechte vorbehalten
© 1956 Duncker & Humblot, Berlin
Gedruckt 1956 bei Richard Schröter, Berlin SW 29

Inhalt

Einleitung 7

I. Das Handwerk der Bundesrepublik 9
  1. Das Handwerk in der westdeutschen Wirtschaft 9
  2. Handwerk und Wirtschaftspolitik 11

II. Das gegenwärtige Umsatzsteuersystem und die Vorschläge für seine Reform 13
  1. Das gegenwärtige Umsatzsteuersystem 13
  2. Die Umsatzsteuerreformvorschläge 17

III. Ermittlung der Besteuerungsgrundlagen im Rahmen eines Nettoumsatzsteuersystems und die Kalkulation der Nettoumsatzsteuer im Handwerk 22
  1. Der Stand des Rechnungswesens im Handwerk im Hinblick auf die Einführung einer Nettoumsatzsteuer 22
  2. Die Nettoumsatzsteuer mit Vorumsatzabzug, direkte Methode, im Handwerk 27
    a) Ermittlung der Besteuerungsgrundlagen 27
    b) Die Kalkulation der Nettoumsatzsteuer 30
  3. Die Nettoumsatzsteuer mit Vorsteuerabzug, indirekte Methode, im Handwerk 33
    a) Ermittlung der Besteuerungsgrundlagen 35
    b) Die Kalkulation der Nettoumsatzsteuer 36
  4. Vergleich von direkter und indirekter Methode im Hinblick auf Ermittlung der Besteuerungsgrundlagen und Kalkulation im Handwerk 38

IV. Die Höhe eines Nettoumsatzsteuersatzes im Handwerk 41
  1. Methoden für die Ermittlung eines Nettoumsatzsteuersatzes ... 41
    a) Ermittlung an Hand der kumulativen Umsatzsteuerbelastung im gegenwärtigen Umsatzsteuersystem 41
    b) Ermittlung an Hand des Nettoumsatzes 42
  2. Berechnungen des Nettoumsatzsteuersatzes 43
    a) Für die gesamte Wirtschaft der Bundesrepublik durchgeführte Berechnungen 44
    b) Besondere Berechnung für das Handwerk auf Grund einer Erhebung 47
      ba) Grundlagen der Erhebung 47
      bb) Nettoumsatz, Nettoquote, Formungskoeffizient 48
      bc) Ergebnis und Auswertung 49

V. Auswirkungen der Nettoumsatzsteuer auf das
Handwerk 62
   1. Auswirkungen auf die Umsatzsteuerbeträge, die vom Handwerk zu überwälzen sind, und die Umsatzsteuerbelastung der Vorlieferungen des Handwerks 62
   2. Sonstige Auswirkungen 68
   3. Differenzierung des Nettoumsatzsteuersatzes, insbesondere für Dienstleistungsumsätze des Handwerks 72

Schluß 76

Literaturverzeichnis 77

Anlage 84

Einleitung

Seit den Tagen der Währungsumstellung auf Deutsche Mark und der damit im Gefolge stehenden Einführung von marktwirtschaftlichen Wirtschaftsprinzipien in der Bundesrepublik Deutschland sind die bereits in den zwanziger Jahren diskutierten Mängel des gegenwärtigen Bruttoumsatzsteuersystems wieder stärker Gegenstand wissenschaftlicher und gesetzgeberischer Überlegungen geworden. Diese Entwicklung wurde noch gefördert durch die Erhöhung der Umsatzsteuersätze ab 1. Juli 1951, die die Mängel unseres Umsatzsteuersystems noch mehr hervortreten ließ, so daß der Ruf nach einer Umsatzsteuerreform in Richtung auf eine unserem jetzigen Wirtschaftssystem konforme Umsatzsteuer immer lauter wurde.

Mittelpunkt der Diskussion wurde bald der Vorschlag einer von Schmölders aus der „Siemensschen veredelten Umsatzsteuer" entwickelten Nettoumsatzsteuer. Bei in weitem Umfang positiver Beurteilung des vorgeschlagenen Systems ist man sich aber darüber einig, daß die bei seiner Einführung entstehenden Auswirkungen, insbesondere in Wirtschaftszweigen mit hohen Formungskoeffizienten, noch eingehender Prüfung bedürfen und daß wegen der zu erwartenden „Belastungs"-Verschiebungen noch sorgfältige Untersuchungen anzustellen sind, ehe die Vorschläge zur Nettoumsatzsteuer gesetzgebungsreif sind[1,2,3].

Als Beispiel eines Wirtschaftszweiges mit einem hohen Formungskoeffizienten — der von v. Beckerath geprägte Ausdruck drückt die Wertschöpfung, den value added, in Prozent der bei der Produktion eingesetzten Vorumsätze aus — wird insbesondere das Handwerk genannt.

Die vorliegende Arbeit soll nun die Probleme und Auswirkungen aufzeigen, die sich bei der Einführung einer Nettoumsatzsteuer im Handwerk ergeben würden. Es ist besonders zu untersuchen, ob das Handwerk wegen seiner nach verbreiteter Meinung besonders hohen Wertschöpfung durch eine Nettoumsatzsteuer gegenüber dem jetzigen System und gegenüber anderen Wirtschaftszweigen wesentlich stärker „belastet" werden kann. Die Diskussion um die Frage der „Belastungs"-

---

[1] *Schmölders*, Günter: Organische Steuerreform, Berlin und Frankfurt 1953, S. 170.

[2] *Troeger*, Heinrich: Diskussionsbeiträge des Arbeitsausschusses für die Große Steuerreform, Stuttgart 1954, S. 94 ff.

[3] Institut Finanzen und Steuern: Grundlagen und Möglichkeiten einer organischen Finanz- und Steuerreform, Bonn 1954, S. 103 f.

Verschiebungen infolge von Auswirkungen des vorgeschlagenen Systems, die ja tatsächlich nur eine veränderte Inkasso-Aufgabe hinsichtlich der zu überwälzenden und an den Fiskus abzuführenden Umsatzsteuerbeträge bewirken können, kann durch Einbeziehung der Ergebnisse dieser Untersuchung für den bedeutenden Sektor, den das Handwerk in der Wirtschaft darstellt, aus der meist nur gefühlsmäßigen Beurteilung herausgenommen und auf eine reale Basis gestellt werden.

I. Das Handwerk der Bundesrepublik

Das Handwerk als Betriebsform, mit dem sich die vorliegende Arbeit überwiegend zu befassen hat, wird in der Regel nach rechtlich-organisatorischen Gesichtspunkten eingeordnet und von anderen Wirtschaftszweigen unterschieden. Danach werden als Handwerksbetriebe diejenigen Betriebe angesehen, die entweder in der Handwerksrolle eingetragen sind oder als Gewerbe, das handwerksmäßig betrieben werden kann, angemeldet sind[4].

Dieses Legalprinzip kommt auch für die statistische Erfassung des Handwerks zur Anwendung, da es die sicherste Abgrenzung gewährleistet. Für statistische Zwecke werden die Handwerkszweige in folgende Gruppen eingeteilt:
  I. Bauhandwerke
  II. Nahrungsmittelhandwerke
  III. Bekleidungs-, Textil- und Lederhandwerke
  IV. Eisen- und metallverarbeitende Handwerke
  V. Holzverarbeitende Handwerke
  VI. Gesundheits- und Körperpflege, chemische und Reinigungs-Handwerke
  VII. Papierverarbeitende, keramische und sonstige Handwerke

1. Das Handwerk in der westdeutschen Wirtschaft

Welche wirtschaftliche Bedeutung das Handwerk in der Bundesrepublik hat, zeigen einige Zahlen, die auch für die spätere Behandlung der Probleme der Nettoumsatzsteuer im Handwerk von Bedeutung sind.

Das Handwerk wies am 30. September 1949 rund 864 400 Betriebe — davon 3,8 % handwerkliche Nebenbetriebe — und 3 059 900 Beschäftigte[5], am 30. September 1954 rund 820 000 Betriebe mit rund 3 795 000 Beschäftigten auf[6]. Demnach waren von den 1954 in der Bundesrepublik insgesamt 16 054 000 Beschäftigten 23,6 %, ohne die 820 000 Betriebsinhaber 18,5 % im Handwerk tätig. Nach der Zählung der nichtlandwirtschaftlichen Arbeitsstätten von September 1950 entfällt von

---

[4] Anlage B zu dem Gesetz zur Ordnung des Handwerks vom 17. September 1953 (Handwerksordnung): Verzeichnis der Gewerbe, die als Handwerk betrieben werden können, Bundesgesetzblatt 1953, Teil I, S. 1411 ff.

[5] Statistisches Bundesamt: Statistik der Bundesrepublik Deutschland, Band 16, Handwerkszählung vom 30. September 1949, Stuttgart-Köln 1952, S. 5 ff.

[6] *Schünemann*, Wilhelm: Wirtschaftsbilanz des Handwerks 1954, in: Deutsches Handwerksblatt, 7. Jahrgang, 1955, Heft 3, S. 33 f.

den 2 019 091 gezählten Arbeitsstätten auf das Handwerk ein Anteil von 847 275 oder 41,9 %[7].

Der Umsatz des Handwerks, der von 19,9 Milliarden DM im Jahre 1949 auf 35,5 Milliarden im Jahre 1954 anstieg, verteilt sich auf Neuherstellung einschließlich Installation und Montage, Reparaturen, Dienstleistungen und Handel. Der Handelsumsatz beträgt rund 20 % des Gesamtumsatzes des Handwerks, in einzelnen Handwerkszweigen steigt der Anteil auf 80—85 % (Uhrmacher- und Kraftfahrzeughandwerk). Von dem reinen Handwerksumsatz entfielen 1949 auf[8]

	%
Neuherstellung	76,6
Reparaturen	19,4
Dienstleistungen	4,0
	100,0

Die Zahl der Betriebe verteilte sich nach der Handwerkszählung von 1949 bei einem Gesamtdurchschnitt von 3,5 Beschäftigten (1954: 4,7 Beschäftigten) je Betrieb auf die einzelnen Größenklassen in Prozent wie folgt:

Betriebsgrößen-klasse Nr.	Zahl der Beschäftigten	Zahl der Betriebe in %
I	1	36,62
II	2— 4	44,58
III	5— 9	13,29
IV	10— 14	2,73
V	15— 19	1,07
VI	20— 24	0,55
VII	25— 49	0,83
VIII	50— 99	0,26
IX	100—199	0,06
X	200 und mehr	0,01
		100,00

Danach hatten die sogenannten Alleinmeister einen Anteil von 36,62 % der Betriebe; nur bis zu 4 Beschäftigte — einschließlich Inhaber — hatten 81,2 % der Betriebe, und auf Betriebe mit bis zu 9 Beschäftigten entfallen 94,49 % aller gezählten handwerklichen Betriebe. Die Tatsache, daß rund 81 % aller Betriebe nur bis zu 4 Personen beschäftigten — der Anteil hat sich inzwischen nicht wesentlich verschoben —, muß bei der Beurteilung des Umfangs und der Qualität der Verwaltungsfunktion des Handwerks sowie bei den Anforderungen an das Rechnungswesen in Betracht gezogen werden.

Die Darlegungen in diesem Abschnitt zeigen auf, daß das Handwerk ein keineswegs unbedeutender Faktor im Wirtschaftsleben der Bundes-

---

[7] *Wernet*, Wilhelm: Das gewerblich-kleinbetriebliche Element im modernen Industrialismus, in: Schmollers Jahrbuch, 1954, Heft 6, S. 1 ff.

[8] Statistisches Bundesamt: a.a.O., S. 36.

republik ist und lassen erkennen, daß es dringend erforderlich scheinen muß, Aufschluß über die Auswirkungen zu erhalten, die sich durch Einführung eines neuen Umsatzsteuersystems in diesem Wirtschaftssektor mit seinen besonderen Gegebenheiten ergeben würden.

2. Handwerk und Wirtschaftspolitik

Bei der Vielzahl der die Handwerkspolitik bewegenden Fragen spielen die der Wirtschaftspolitik die größte Rolle. Für die vorliegende Arbeit sind davon nur einige Ausschnitte von Bedeutung.

Die Wirtschaftspolitik wird, soweit sie das Handwerk betrifft, einerseits vom Staat und andererseits von den Organisationen der Handwerkswirtschaft getragen.

Nachdem in der Vergangenheit die Wirtschaftspolitik des Staates unter dem Eindruck der Theorien von Marx häufig lediglich auf Schutzbemühungen hinauslief, ist im Zeichen der Marktwirtschaft ein Wandel eingetreten. Die auch nur teilweise Herausnahme des Handwerks aus dem Konkurrenzsystem wird für unvereinbar mit der Wirtschaftsordnung gehalten, insbesondere auf Grund der Erkenntnis, daß das marktwirtschaftliche Ordnungssystem keineswegs allein die Ausdehnung der Großbetriebe zuläßt[9].

Die Wirtschaftspolitik der Bundesregierung, getragen von dem „Referat Handwerk" des Bundeswirtschaftsministeriums, beschränkt sich daher im Hinblick auf das Handwerk auf eine Reihe von ordnungspolitischen Maßnahmen. Diese Maßnahmen sind teils beeinflußt von mittelstandsfreundlichen Bestrebungen der Bundesregierung, die in mehreren Regierungserklärungen zum Ausdruck gekommen sind und von fast allen Parteien dem Grundsatz nach unterstützt werden, teils nehmen sie aber auch lediglich Rücksicht auf rein ökonomisch gegenüber anderen Wirtschaftsbereichen gegebene besondere Tatbestände.

Unter diesen Gesichtspunkten sind die Kreditversorgung des Handwerks, seine Beteiligung an öffentlichen Aufträgen, die Bekämpfung der Schwarzarbeit, die Frage des „großen Befähigungsnachweises", die besondere Wettbewerbssituation des Handwerks mit seinen lokal begrenzten Absatzmärkten und andere Fragen behandelt und teilweise gelöst worden. Wenn man wegen ihrer engen Verzahnung mit der Wirtschaftspolitik die Steuerpolitik, die im Rahmen dieser Arbeit von besonderer Bedeutung ist, ebenfalls als einen Teil der allgemeinen Wirtschaftspolitik betrachtet, dann ist zu diesem Teil zu sagen, daß hier für das Handwerk schlechthin keinerlei besondere Maßnahmen getroffen, insbesondere keine Präferenzen geschaffen worden sind. Sie können

---

[9] *Müller-Armack*, Alfred: Wirtschaftslenkung und Marktwirtschaft, Hamburg 1947, S. 122.

auch wohl in Zukunft nicht erwartet werden, ganz besonders nicht bei der in diesem Zusammenhang interessierenden Umsatzsteuer, denn damit würde die marktwirtschaftliche Konzeption in Frage gestellt werden und eine o r g a n i s c h e Steuerreform verhindert.

Der a u t o n o m e n Wirtschaftspolitik des Handwerks wird von seinen Organisationen Ausdruck gegeben. Die Organisationen des Handwerks mit ihrer langen Tradition sind in berufsständische und fachliche aufgegliedert. F a c h l i c h e O r g a n i s a t i o n e n mit den einzelnen Innungen, meistens auf Kreisebene, und den Landesinnungsverbänden sowie b e r u f s s t ä n d i s c h e O r g a n i s a t i o n e n mit Kreishandwerkerschaft und Handwerkskammer, im allgemeinen einen Regierungsbezirk umfassend, haben ihre Spitze im Zentralverband des deutschen Handwerks, Bonn.

Die handwerkspolitischen Wünsche haben in „grundsätzlichen Forderungen des Handwerks" zur Berufsstandspolitik, Wirtschafts-, Finanz-, Steuer- und Sozialpolitik ihren Ausdruck gefunden[10].

Von den wirtschafts-, finanz- und steuerpolitischen Forderungen sind in diesem Rahmen die folgenden von Bedeutung und im Hinblick auf eine Umsatzsteuerreform abzuwägen:

Schaffung ausreichender Voraussetzungen für einen echten Leistungswettbewerb in allen Wirtschaftsstufen unter Sicherstellung gleicher Startbedingungen für die Klein- und Mittelbetriebe: Schutz der Letztverarbeiter und Letztverbraucher vor wirtschaftlichen Machtzusammenballungen, insbesondere Verhinderung unangemessener Rohstoff- und Materialpreise und Lieferbedingungen.

Einheitlichkeit, Klarheit und Übersichtlichkeit des Steuerrechts; Ausbau und Anwendung der Steuergesetze nicht nach ausschließlich fiskalischen, sondern vor allem nach volkswirtschaftlichen Gesichtspunkten.

Organische Steuerreform mit dem Ziel nachhaltiger Förderung der betrieblichen Kapitalbildung und privaten Spartätigkeit; Senkung der Einkommensteuertarife, insbesondere für die kleinen und mittleren Einkommensstufen.

Inwieweit diese Forderungen des Handwerks durch Einführung einer Nettoumsatzsteuer erfüllt werden oder wenigstens ihre Erfüllung gefördert wird, muß abschließend festgestellt werden.

---

[10] Deutsches Handwerksblatt, 1949, 1. Jahrgang, Heft 21, S. 359.

II. Das gegenwärtige Umsatzsteuersystem und die Vorschläge für seine Reform

1. Das gegenwärtige Umsatzsteuersystem

Das gegenwärtige deutsche Umsatzsteuersystem, das auf dem Umsatzsteuergesetz vom 16. Oktober 1934 in der Fassung der Bekanntmachung vom 1. September 1951 mit den Änderungen des Gesetzes vom 14. November 1951, 30. Juli 1952, 23. Mai 1953, 21. Juli 1954 und 24. Dezember 1954 beruht, ist eine Bruttoallphasensteuer. Sie ist dadurch gekennzeichnet, daß Lieferungen und Leistungen auf jeder Stufe des Wirtschaftsprozesses auf der Grundlage des für sie vereinnahmten oder vereinbarten Entgelts der Steuer unterliegen, und zwar entweder mit dem Normalsatz von 4 % oder den ermäßigten Sätzen für Großhandel und bestimmte Lebensmittel sowie landwirtschaftliche Erzeugnisse von 1 %, 3 % oder 1,5 %, unter besonderen Umständen auch noch mit einer Zusatzsteuer von 3 %. Dadurch, daß die Umsatzsteuer auf jeder Stufe vom Bruttoentgelt erhoben, daß nach dem Willen des Gesetzgebers die Steuer als allgemeine Verkehrsteuer voll überwälzt und Steuer von der Steuer berechnet wird, ergibt sich eine Kumulation der Umsatzsteuer im Preise. Der Anteil der Umsatzsteuer am Preise beträgt daher je nach der Anzahl der Wirtschaftsstufen, die ein Gut durchläuft, nicht 4 %, 3 % oder 1,5 %, wie es durch die Umsatzsteuersätze indiziert wird, sondern ein Mehrfaches dieser Sätze. Die Erhebung der Steuern von Steuern ist zwar gewollt, und es gibt im Steuerrecht kein Prinzip, wonach das unzulässig ist[11], aber der Steueranteil im Preise ist nur schwer und mit komplizierten Rechenmethoden feststellbar. Das ist ein großer Mangel der Bruttoallphasensteuer, der eine leicht feststellbare und „gezielte" Belastung von Gütern mit Umsatzsteuer unmöglich macht. Die Berechnung der kumulativen Umsatzsteuerbelastung einzelner Güter wurde schon 1924 und 1928 versucht. Bei einem Steuersatz von 2,5 % stellte der damalige Finanzminister Luther für 1924 u. a. eine Umsatzsteuerbelastung für Brot von 8,9 %, Rindfleisch von 6,4 % und Baumwollplüsch von 7,6 % fest[12]. Popitz errechnete die Umsatzsteuerbelastung der gleichen Güter für 1928 bei einem Steuersatz von 0,75 % mit 1,56 %, 1,60 % und 1,61 %[13]. Die Berechnungen zeigten

---

[11] *Weber-Bannenberg,* Hans: Steuern von Steuern, Köln 1951, S. 60.

[12] *Luther,* Hans: Denkschrift über eine Abänderung der jetzigen Umsatzbesteuerung, Drucksache des Reichstages Nr. 588, 1924, Anlage 1.

[13] *Popitz-Kloß-Grabower:* Kommentar zum Umsatzsteuergesetz, 3. Auflage, Berlin 1928/30, S. 15 ff.

jedoch nicht hinreichend genaue Ergebnisse, da die Steuerbelastungen der Vorlieferungen nicht oder nicht voll einbezogen worden waren. Gegenwartsnahe und genauere Untersuchungen über die Kumulativwirkung der Bruttoumsatzsteuer liegen von Schubert, dem Ifo-Institut in München und Erlemann vor[14,15,16].

Während Schubert mit Hilfe eines besonderen Iterationsverfahrens die Umsatzsteuerbelastung einiger Erzeugnisse der Eisen- und Stahlindustrie unter weitestgehender Einbeziehung der Vorlieferungen mit großer Genauigkeit berechnet, hat das Ifo-Institut die Belastung von 40 Konsumgütern, die dem Warenkorb für die Berechnung des Preisindex entnommen sind, errechnet, und zwar ebenfalls unter Einbeziehung von Vorlieferungen.

Nach Schubert ergeben sich bei einem Normal-Steuersatz von 3 % folgende Steuerbelastungen, die je nach der Länge der Produktionswege variieren:

	%
Stahlroheisen	4,9
SM-Rohblock	5,2
SM-Knüppel	6,3
Walzwerkfertigerzeugnisse SM	6,4
Walzwerkfertigerzeugnisse Th	7,4
Drehseile, bis zu	9,2
Drahtstifte, bis zu	9,1

Das Ifo-Institut hat bei einem Normalsatz von 4 % für die der Berechnung zugrunde gelegten Güter eine Kumulativbelastung mit Umsatzsteuer von 3,2—12,5 % errechnet. Danach beträgt die Belastung der steuerbegünstigten Erzeugnisse der Landwirtschaft und Nahrungs- und Genußmittelindustrie 6—8 %, während die Güter der übrigen Konsumgüterindustrie eine Umsatzsteuerbelastung von etwa 9—12,5 % des Endverkaufspreises aufweisen.

Erlemann hat für eine Reihe von Nahrungsmitteln bei dem 1951 noch geltenden Normalsatz von 3 % eine kumulative Belastung zwischen 4 und 7,5 % ermittelt. Dabei ist die unterschiedliche Länge der Produktionswege der Nahrungsmittel beachtet worden.

Die Bruttoallphasensteuer, die also eine gezielte und vorausbestimmbare Umsatzsteuerbelastung nicht ermöglicht, bewirkt eine Verfälschung und Beeinträchtigung des Wettbewerbs, da der Preis zu einem beachtlichen Teil eine Funktion der Zahl der Produktionsstufen ist, die

---

[14] *Schubert*, Werner: Die Kumulativwirkung der deutschen Umsatzsteuer, Köln 1950.

[15] Ifo-Institut für Wirtschaftsforschung: Untersuchungen zur großen Steuerreform, Teil I: Voruntersuchungen, München 1953, S. 103 ff.

[16] *Erlemann*, Paul: Die Bedeutung der Umsatzsteuer für die Preise und die Handels- und Verarbeitungsspannen der Nahrungsmittel, Diss. Bonn 1951, S. 69 ff.

ein Produkt durchläuft. Der Preis, der die volkswirtschaftliche Knappheit von Gütern untereinander anzeigen soll, wird dadurch in seiner in einer marktwirtschaftlichen Wirtschaftsordnung eminent wichtigen Aufgabe stark behindert. Gleichzeitig weist das gegenwärtige deutsche Umsatzsteuersystem mangelnde Wettbewerbs- und Konkurrenzneutralität auf[17], da es Unternehmungen, die mehrere Produktionsstufen in sich vereinigen, insofern begünstigt, als die Erzeugnisse dieser Unternehmungen einer entsprechenden Anzahl von „Umsätzen" und Summe an Steuer nicht unterliegen. Das Streben nach dieser Begünstigung fördert die Abkürzung der ökonomisch rationellen Produktionsumwege[18] sowie die vertikale Konzentration der Wirtschaft und damit die Vernichtung von selbständigen Existenzen, was sowohl wirtschafts- als auch sozialpolitischen Bestrebungen in der Bundesrepublik zuwiderläuft.

Die nur schwer feststellbare effektive Belastung der Produkte mit Umsatzsteuer erlaubt es auch nicht, die Güter unseres lebensnotwendigen Exports richtig von der Umsatzsteuer zu e n t lasten, damit Exportindustrie und -handel mit den ausländischen Anbietern auf Grund von Preisen o h n e Belastung mit Umsatzsteuer konkurrieren können. Das deutsche Umsatzsteuerrecht muß vielmehr mit pauschalen Ausfuhrvergütungssätzen (§ 79 UStDB) operieren, die der tatsächlichen Umsatzsteuerbelastung der Exportgüter nur in Ausnahmefällen entsprechen können. Würde man die Vergütungssätze erhöhen, müßte man von Seiten der ausländischen Konkurrenten des Vorwurfs eines Dumping gegenwärtig sein, da die tatsächlich notwendige Umsatzsteuerentlastung im Einzelfall nicht nachgewiesen werden kann.

Andererseits kann die B e lastung von Einfuhrgütern durch die Ausgleichsteuer (§ 1 Ziff. 3 UStG), die eine Gleichstellung von importierten und heimischen Gütern hinsichtlich der Umsatzsteuerbelastung herbeiführen soll, nicht in nachweisbar erforderlicher Höhe erfolgen. Auch hier wird nur mit pauschalen Steuersätzen von 1,5 %, 3 %, 4 % und 6 % gerechnet (§ 5 Ausgleichsteuerordnung), die in der Mehrzahl der Fälle die notwendige Belastung nicht bewirken. Da die erforderliche Ausgleichsteuerbelastung nicht ohne umständliche Berechnungen feststellbar ist, kann auch hier eine Erhöhung der Sätze nicht erfolgen, um nicht vom Ausland den Vorwurf hinnehmen zu müssen, daß ein versteckter Zoll erhoben würde.

Als weiterer Nachteil der Bruttoumsatzsteuer wird neben der Kompliziertheit der Gesetzesbestimmungen die Tatsache angesehen werden müssen, daß in Fällen, in denen eine Überwälzung der Steuer nicht ge-

---

[17] *Schmölders*, Günter: Finanzpolitik, Berlin 1955, S. 235 f.
[18] *Schmölders*, Günter: Die Umsatzsteuern, in: Handbuch der Finanzwissenschaft, Tübingen 1955, S. 590.

lingt, ein Zusammenhang zwischen steuerpflichtigem Bruttoumsatz und Gewinn nicht besteht. Das ist der manchem Unternehmer unverständliche und oft unangenehme Tatbestand, daß er Umsatzsteuer — die doch nach dem Willen des Gesetzgebers nicht ihn, sondern den Abnehmer treffen soll — tragen muß, obwohl er an sich gegebenenfalls schon mit Verlust veräußert hat.

Von volkswirtschaftlichem Nachteil ist auch die oftmals günstig beurteilte „Krisenfestigkeit" der gegenwärtigen Umsatzsteuer, die auch in Depressionszeiten ein nicht besonders absinkendes Aufkommen erbringt.

Den abrißartig aufgezeigten Hauptnachteilen der deutschen Umsatzsteuer stehen Vorteile gegenüber, die nach dem Grundsatz „Alte Steuer — gute Steuer, neue Steuer — schlechte Steuer" vor allem darin gesehen werden, daß das gegenwärtige System in Verwaltung und Wirtschaft relativ gut eingespielt ist und daß sich bei einer Systemänderung noch nicht übersehbare Schwierigkeiten technischer Art in Verwaltung und Wirtschaft ergeben würden. Hervorgehoben werden ferner die niedrigen nominellen Umsatzsteuersätze, die weniger Anreiz zur Steuerhinterziehung als hohe Sätze bieten, sowie die niedrigen Verwaltungskosten[19].

Die wenigen und zum Teil auch auch nur vermeintlichen Vorteile der Bruttoumsatzsteuer können aber die störenden volkswirtschaftlichen Wirkungen des Systems besonders bei den heutigen hohen Steuersätzen keinesfalls überwiegen.

Da eine Veredelung unserer Umsatzsteuer durch eine Senkung der Sätze wegen der tragenden Bedeutung der Umsatzsteuer im Staatshaushalt aus fiskalischen Gründen nicht diskutabel ist, halten weite Kreise von Wissenschaft und Praxis eine Reform des Umsatzsteuersystems für unbedingt notwendig. Bedauerlich muß erscheinen, daß eine Änderung des Systems nicht bereits zum Zeitpunkt der Währungsreform erfolgen konnte, da sich damals fast alle Preise neu einspielen mußten und eine Umsatzsteuerreform zu diesem Zeitpunkt die befürchteten Strukturverschiebungs- und Anpassungsprozesse weitgehend neutralisiert hätte[20].

Das Handwerk in der Bundesrepublik wird von den Mängeln unseres Umsatzsteuersystems insbesondere von der mangelnden Konkurrenzneutralität und der Förderung der vertikalen Betriebskonzentration betroffen; es wird eine Umsatzsteuerreform, die die Mängel des Systems

---

[19] Institut Finanzen und Steuern: a.a.O., S. 104.
[20] *Raabe*, Karl-Heinz: Probleme einer Reform der Umsatzsteuer, Diss. Kiel 1952, S. 106.

beseitigt und eine marktkonforme Steuer[21] herbeiführt, ohne weiteres begrüßen. Das Handwerk fordert aber, daß an sein Rechnungswesen im Hinblick auf die Ermittlung der Umsatzsteuerbemessungsgrundlagen und die Kalkulation durch ein neues System keine unerfüllbaren Aufgaben gestellt werden und daß seine an sich schon nicht übermäßig starke Stellung im Überwälzungsprozeß nicht verschlechtert wird.

2. Die Umsatzsteuerreformvorschläge

Bei allen Umsatzsteuerreformvorschlägen muß zur Zeit davon ausgegangen werden, daß das gegenwärtige Umsatzsteueraufkommen nicht geschmälert werden darf. Die beiden großen Etatposten Sozialaufwendungen und Besatzungs- bzw. Wiederaufrüstungslasten können in absehbarer Zeit eine K ü r z u n g nicht erfahren, so daß der größte Einnahmeposten des Bundes-Haushaltsplans, für das Rechnungsjahr 1955 mit über 10 Milliarden DM veranschlagt, bei einer als notwendig erkannten Reform seiner Aufbringungsgrundlagen in seiner bisherigen Höhe angesetzt bleiben muß.

Der optimale Umsatzsteuertyp soll nach Kleinjohann[22]
a) eine restlose und reibungslose Überwälzung begünstigen,
b) den Wettbewerb nicht beeinflussen,
c) eine möglichst breite Bemessungsgrundlage aufweisen,
d) eine soziale Differenzierung ermöglichen und
e) niedrige Verwaltungskosten verursachen.

Wenn man sich diesen Forderungen anschließt, muß bei der Umsatzsteuerreform eine Reihe von Systemen, die als Reformvorschläge diskutiert worden sind, außer Betracht bleiben.

Bei den B r u t t o umsatzsteuern werden im System der phasenpauschalierten Steuern, bei denen die Umsatzsteuer mit einem einfachen oder kombinierten Pauschalsatz nur auf einer Stufe erhoben wird, solche mit spezieller und solche mit genereller Stufenbildung unterschieden[23, 24]. Bei s p e z i e l l e r Stufenbindung wird für j e d e s nach diesem Prinzip besteuerte Gut die zweckmäßigste Stufe für die Besteuerung festgelegt. Dieses System, das in Österreich Anwendung gefunden hat, erfordert daher die Aufstellung eines Katalogs, in dem die Besteuerungsstufe für jedes Gut bestimmt wird. In der deutschen Volkswirtschaft mit ihrem überaus vielgestaltigen und reich geglie-

---

[21] *Schmölders*, Günter: Steuersystem und Wettbewerbsordnung, in: Ordo-Jahrbuch, Band 3, 1950, S. 135 ff.
[22] *Kleinjohann*, Karl: Die Ertragsfähigkeit der Umsatzsteuer, Berlin 1954, S. 105.
[23] *Meier*, Albert: Phasenpauschalierung und andere Wege der Umsatzsteuerreform, Berlin 1933, S. 9 ff.
[24] *Meier*, Johannes: Zur Reform der Umsatzsteuer, Berlin 1931, S. 11 ff.

derten Produktionsprozeß würden sich unüberwindbare Schwierigkeiten bei der Bestimmung der jeweils günstigsten Besteuerungsphase ergeben. Im Hinblick hierauf und auf die zwangsläufig auftretenden Interessentenkämpfe bei der Festlegung der Stufen kann dieses System bei uns keine Anwendung finden, obwohl Kumulativwirkung, mangelnde Konkurrenzneutralität und Beeinflussung von Im- und Export durch die Umsatzsteuer aufgehoben würden. Bei **genereller Stufenbindung** wird die Umsatzsteuer für alle Güter auf einer festgelegten Stufe, entweder der Einzelhandelsstufe, Großhandelsstufe oder Produktionsstufe erhoben, und entsprechend unterscheidet man Einzelhandels- oder Kleinhandelssteuer, Großhandels- oder Kleinhandelsvorsteuer und Produktion- oder Herstellersteuer.

Die Kleinhandelssteuer würde, da die Steuer nur beim Einzelhandel bzw. bei Abgabe an den Letztverbraucher erhoben wird, nur Konsumgüter belasten und bei einer zwangsläufig nur kleinen Bemessungsgrundlage einen hohen Steuersatz erfordern, der Anreize zu Steuerhinterziehungen erhöhen muß, insbesondere da mit der Abführung und der Überwälzung der Steuer das schwächste Glied im Wirtschaftsprozeß betraut werden müßte. Schwierig ist auch die Abgrenzung des Begriffs „Übergang auf den Verbraucher". Obwohl bei einer Kleinhandelssteuer weder die Kumulativwirkung der Bruttoallphasenumsatzsteuer noch ihre Konzentrationsförderung und Wettbewerbsverfälschung gegeben sind, kann sie daher wegen der zu kleinen Bemessungsgrundlage und aus technischen Gründen nicht als gangbarer Reformvorschlag gewertet werden.

Die Kleinhandelsvorumsatzsteuer belastet den Umsatz an den Kleinhändler. Sie ist erstmalig von Bau vorgeschlagen worden[25]. Bei der Anwendung des Begriffs Großhandelssteuer ist der Großhandel nicht als Institution zu sehen, sondern in Anlehnung an das deutsche Umsatzsteuerrecht, das als Großhandel eine Lieferung von Waren durch einen Unternehmer an einen anderen Unternehmer zur Verwendung in dessen Gewerbebetrieb sieht, als Funktion[26]. Die Kleinhandelsvorumsatzsteuer belastet nämlich nicht nur Lieferungen durch Großhändler, sondern jegliche Lieferungen von jedwedem Unternehmer an einen Klein- bzw. Einzelhändler.

Auch hier ist ein hoher Steuersatz erforderlich, der den Anreiz zu Steuerhinterziehungen verstärkt; dazu kommen verwaltungstechnische Einwendungen wegen der Notwendigkeit der Ausstellung von Freibezugsbescheinigungen für Unternehmungen, die berechtigt sind, nicht mit Umsatzsteuer belastete Waren zu erwerben, sowie wegen der er-

---

[25] *Bau*, Karl: Neugestaltung der Umsatzsteuer, dargestellt und erläutert von Dr. K. A. *Fischer*, Köln 1925.
[26] *Kleinjohann*, Karl: a.a.O., S. 78.

forderlich werdenden Erstattungen in Fällen, in denen nicht freibezugsberechtigte Unternehmungen Lieferungen an freibezugsberechtigte Unternehmer durchführen.

Diese Gegebenheiten haben bewirkt, daß dieser Umsatzsteuervorschlag — durchgeführt als purchase-tax in England und Grossistensteuer in der Schweiz — in Deutschland als Möglichkeit zur Umsatzsteuerreform nicht mehr ernsthaft diskutiert worden ist, obwohl auch hier Kumulativwirkung, Konkurrenzbeeinflussung, Konzentrationsförderung und Beeinflussung von Export und Import vermieden und die Zahl der Steuerzahler, die zu überwachen wären, sehr gering sein würde.

Die Produktion- oder Herstellersteuer kann von den generell-phasenpauschalierten Bruttoumsatzsteuern am günstigsten beurteilt werden, da sie bei Beseitigung der Mängel der Bruttoallphasenumsatzsteuer eine genügend große Besteuerungsgrundlage aufweist; weiter ist auch hinsichtlich der Überwälzung und der buchhalterischen Handhabung sowie der zu erwartenden Steuerhinterziehung eine günstige Wirtschaftsstufe gegeben, die bei ihren meist guten Aufzeichnungen relativ leicht kontrolliert werden kann. Die Abgrenzung der Produktionsstufe selbst, auf der die Steuer erhoben werden soll, bereitet dagegen erhebliche Schwierigkeiten. Die Lösung dieses Problems liegt in der überaus umständlichen Festlegung der Produktionsstufe für jedes Gut oder in dem Steuer-Suspendierungsverfahren, das besonders registrierten Produktionsunternehmungen den Bezug von nicht mit Umsatzsteuer belasteten Gütern ermöglicht. Beide Verfahren werden für technisch zu schwer durchführbar gehalten, als daß eine Einführung in Deutschland für zweckmäßig gehalten werden könnte. Diese Form der Umsatzbesteuerung führt auch zu einer Belastung der Produktionsfaktoren und damit des technischen Fortschritts[27].

Bei den N e t t o umsatzsteuern werden die schädlichen Wirkungen der Bruttoumsatzsteuer dadurch ausgeschaltet, daß die bereits einmal mit Umsatzsteuer belasteten Lieferungen oder Leistungen von einer nochmaligen Besteuerung auf der nächsten Stufe ausgeschlossen werden. Das ist technisch durch zwei Verfahren erreichbar, und zwar durch Abzug der bereits mit Umsatzsteuer belasteten Vorumsätze von dem Bruttoumsatz, direktes Verfahren, oder durch Abzug der in den Vorumsätzen enthaltenen Umsatzsteuer von der auf der Grundlage des Bruttoumsatzes berechneten Umsatzsteuer, indirektes Verfahren. Die letztgenannte Methode macht es erforderlich, daß in den Rechnungen jeweils der im Waren- oder Leistungspreis enthaltene Umsatzsteuer-

---

[27] Bundesministerium der Finanzen: Finanzbericht Nr. 10, Die Umsatzbesteuerung im Ausland, Belgien, Frankreich, Großbritannien, Bonn 1954, S. 46.

betrag offen ausgewiesen wird, damit der nachfolgende Steuerzahler den für ihn abzugsfähigen Steuerbetrag daraus entnehmen kann.

Nettoumsatzsteuern sind als Ein- und Mehrphasensteuern oder Allphasensteuern denkbar. Ein- und Mehrphasensteuern haben in der französischen Produktionssteuer alter und neuer Art sowie ab 1. Juli 1954 in der französischen „Mehrwertsteuer"[28], die lediglich den Einzelhandel als Besteuerungsstufe nicht erfaßt, Anwendung gefunden. Bei den Produktionssteuern ergeben sich die bei den phasenpauschalierten B r u t t o umsatzsteuern aufgezeigten Abgrenzungsschwierigkeiten der Produktionsstufe. Als Nachteil wird auch die kleine Bemessungsgrundlage angesehen, die einen hohen Steuersatz bedingt. In der Bundesrepublik wird daher ernsthaft nur der Schmölders*sche* Vorschlag der Nettoumsatzsteuer als Allphasensteuer diskutiert[29]. In dem vom Finanzwissenschaftlichen Forschungsinstitut an der Universität Köln (Direktor Prof. Dr. G. Schmölders) vorgelegten und dieser Arbeit als Anlage beigefügten Gesetzentwurf zum Umsatzsteuergesetz ist das direkte Verfahren der Nettoumsatzsteuer konzipiert; dabei sollen folgende Positionen als Vorumsätze von der Bemessungsgrundlage, den vereinnahmten oder vereinbarten (Brutto-)Entgelten, abzugsfähig sein[30]:

1. Die Summe der für Rechnung des Unternehmers eingeführten Werte.
2. Die Summe der Entgelte für an den Unternehmer bewirkte Lieferungen und Leistungen, die nach dem Gesetzentwurf, dem Beförderungs- oder Versicherungssteuergesetz beim Leistenden steuerpflichtig sind.
3. Lieferungen von Wasser, Gas, Elektrizität und Wärme.

Bei Durchführung des indirekten Verfahrens müßten die in diesen Vorumsätzen enthaltenen Vorsteuern abzugsfähig sein.

Durch diesen im § 8 des Entwurfs niedergelegten Hauptpunkt der Umwandlung der gegenwärtigen Bruttoallphasenumsatzsteuer in eine Nettoallphasenumsatzsteuer ist die Beseitigung der Mängel unseres gegenwärtig geltenden Umsatzsteuersystems gewährleistet und eine weitgehende Annäherung an die oben dargelegten Anforderungen an eine bestmöglich ausgestaltete Umsatzsteuer ermöglicht. Wichtig ist, daß — was aus dem Gesetzentwurf nicht hervorgeht — der mit Umsatzsteuer belastete Vorumsatz für Investitionen nur mit dem jährlichen Abschreibungsbetrag bzw. bei der indirekten Methode mit dem

---

[28] Gesetz Nr. 54—404 vom 10. April 1954, Amtsblatt des Saarlandes, 1954, S. 398.

[29] Organische Steuerreform, Bericht des Wissenschaftlichen Beirats beim Bundesministerium der Finanzen, Bonn, 1953, Abschnitt 2, Allgemeine und besondere Steuern vom Verbrauch und Aufwand.

[30] *Schmölders*, Günter: Organische Steuerreform, Berlin und Frankfurt 1953, S. 170.

in ihm enthaltenen Umsatzsteuerbetrag abzugsfähig sein soll, um bei starken Investitionen mögliche Schwankungen im Umsatzsteueraufkommen und auch die Beeinflussung der Konjunktur zu verhindern.

Die bei Durchführung einer Nettoallphasensteuer im Sinne des besprochenen Vorschlages im Handwerk auftretenden Auswirkungen und zu beachtenden Faktoren werden im folgenden aufgezeigt. Dabei wird der Gesetzentwurf des Finanzwissenschaftlichen Forschungsinstituts an der Universität Köln zugrunde gelegt, ohne daß hier auf die gegen die Nettoumsatzsteuer im einzelnen vorgetragene Kritik einzugehen ist.

Nach dem von Zierold-Pritsch gemachten Umsatzsteuerreformvorschlag soll das b i s h e r i g e Steuersystem für Dienstleistungen und sonstige Leistungen beibehalten werden, während für Lieferungen im Sinne des Umsatzsteuergesetzes eine Nettoumsatzsteuer mit Vorsteuerabzug vorgesehen wird[31]. Es wird dabei von der Feststellung ausgegangen, daß Umsätze aus Dienstleistungen und sonstigen Leistungen einmal nicht so stark von der Kumulativwirkung der Bruttoumsatzsteuer betroffen werden und daher die diese Mängel beseitigende Nettoumsatzsteuer hier nicht unbedingt erforderlich ist, und daß diese Umsätze zum andern wegen des geringen Vorumsatzes bei einem hohen Normal-Nettoumsatzsteuersatz doch einer besonderen Behandlung im Rahmen der Nettoumsatzsteuer bedürften. Mit diesem Reformvorschlag wird an der Problemstellung dieser Arbeit nichts geändert, da für den weitaus überwiegenden Teil des Handwerks, auf den 1949 über 96 % des gesamten Handwerksumsatzes entfielen, auch nach diesem Vorschlag eine Nettoumsatzsteuer in Betracht kommt. Im übrigen ist auch im Hinblick auf die Schwierigkeit der Abgrenzung von Dienstleistungs- und sonstigen Umsätzen zu prüfen, ob die Umsätze der Dienstleistungsbetriebe des Handwerks im Rahmen einer Nettoumsatzsteuer einer besonderen Behandlung bedürfen, wenn ja, ob das Problem nicht zweckmäßiger durch Differenzierung des Steuersatzes in e i n e m ungemischten Umsatzsteuersystem gelöst werden kann.

---

[31] *Zierold-Pritsch*, Bruno: Die optimale Umsatzsteuer, Köln 1954.

III. Ermittlung der Besteuerungsgrundlagen im Rahmen eines Nettoumsatzsteuersystems und die Kalkulation der Nettoumsatzsteuer im Handwerk

1. Der Stand des Rechnungswesens im Handwerk im Hinblick auf die Einführung einer Nettoumsatzsteuer

Wie schon kurz erwähnt, kann eine Nettoumsatzsteuer technisch gesehen in zwei im folgenden noch näher zu erläuternden Verfahren durchgeführt werden, nämlich im direkten Verfahren, d. h. durch Abzug des bereits mit Umsatzsteuer belasteten Vorumsatzes von dem Bruttoumsatz oder im indirekten Verfahren, d. h. durch Abzug der im Vorumsatz enthaltenen Umsatzsteuer von der auf der Grundlage des Bruttoumsatzes berechneten Umsatzsteuer.

Ohne Zweifel stellt nun die Nettoumsatzsteuer größere Anforderungen an Buchhaltung, Kostenrechnung und Kalkulation des Handwerkers als die Bruttoumsatzsteuer. Während es nämlich für Zwecke der Bruttoumsatzsteuer genügt, daß der Handwerker die vereinnahmten Entgelte — seltener auch die vereinbarten Entgelte — feststellt, was selbst im Kleinstbetrieb an Hand des auch hier regelmäßig geführten Kassenbuches unschwer möglich ist, sind für die Ermittlung des Umsatzsteuersolls bei der Nettoumsatzsteuer zusätzlich entweder die Summe der mit Umsatzsteuer belasteten und abzugsfähigen Vorumsätze oder die in den Vorumsätzen enthaltene Umsatzsteuer zu sammeln. Bei der Kalkulation sind nicht allein wie bei der Bruttoumsatzsteuer $x\%$ Umsatzsteuer in Hundert des „vorläufigen" Verkaufspreises, worunter der Verkaufspreis ohne Umsatzsteuer verstanden wird, zu rechnen, sondern es muß auch die Summe der im einzelnen Produkt steckenden mit Umsatzsteuer belasteten und abzugsfähigen Vorumsätze oder die Summe der im einzelnen Produkt enthaltenen und abzugsfähigen Umsatzsteuerbeträge aus Vorlieferungen berücksichtigt werden. Je nachdem wie weit man die Abzugsfähigkeit der Vorumsätze oder der Vorsteuer ausdehnt, sind auch Beträge abzugsfähig, die im Zusammenhang mit allgemeinen Unkosten (Gemeinkosten) und Investitionen stehen. In diesem Falle ergeben sich bei Zuschlagskalkulation Auswirkungen auf die Gemeinkostenzuschläge; z. B. müßte beim indirekten Verfahren die Abschreibung für eine Maschine ohne die im Kaufpreis der Maschine enthaltene Umsatzsteuer kalkulatorisch verrechnet werden. Beim direkten Verfahren würde die anteilige Verrechnung der vorbelasteten Umsätze für Investitionen und Gemeinkosten ebenfalls beträchtliche kalkulatorische Anforderungen stellen.

Die hieraus sich ergebende Frage, ob und wie das Rechnungswesen der Handwerker diesen Anforderungen gerecht werden kann, ist unter Berücksichtigung der beiden technischen Gestaltungsmöglichkeiten der Nettoumsatzsteuer zu untersuchen.

Vorab wird der gegenwärtige Stand des Rechnungswesens — wobei unter Rechnungswesen eingeschränkt nur Buchführung und Kostenrechnung verstanden werden — wie er sich in der Regel in den Handwerksbetrieben zeigt, betrachtet, aus der besonderen Struktur des Handwerks begründet und im Hinblick auf die Nettoumsatzsteuer beurteilt. Dazu ist zunächst aufzuzeigen, inwieweit das Handwerk auf Grund gesetzlicher Bestimmungen zu Aufzeichnungen verpflichtet ist. Nach dem Handelsgesetzbuch ist der Handwerker normalerweise nicht zur Buchführung verpflichtet; die Bearbeitung und Verarbeitung von Waren für andere wird meist „handwerksmäßig" betrieben (§ 1 Abs. 2 Ziff. 2 HGB), und das handwerkliche Unternehmen erfordert nach Art und Umfang keinen in kaufmännischer Weise eingerichteten Geschäftsbetrieb (§ 2 Satz 1 HGB), so daß eine Eintragung in das Handelsregister nicht erfolgt. Der Handwerker ist also insoweit nicht als Kaufmann im Sinne des HGB anzusehen und nicht zur Führung von Büchern nach § 38 HGB, d. h zur ordnungsmäßigen Buchführung verpflichtet.

Für Zwecke der Besteuerung nach Einkommen, Ertrag und Vermögen sind gemäß § 161 Abs. 1 Ziff. 1 Reichsabgabenordnung d i e Handwerker zur Führung von Büchern und Vornahme von Abschlüssen auf der Grundlage von Bestandsaufnahmen verpflichtet, die nach den Feststellungen bei der letzten Steuerveranlagung

einen Gesamtumsatz von DM 200 000,— oder
ein Betriebsvermögen von DM 50 000,— oder
einen Gewerbeertrag von DM 9000,—

überschritten haben.

Damit wird nicht die reine Einnahmen-Ausgabenrechnung gefordert, § 4 Abs. 3 EStG, sondern der Betriebsvermögensvergleich gem. § 4 Abs. 1 EStG[32]. Der Betriebsvermögensvergleich erfordert die chronologische Aufzeichnung der Geschäftsvorfälle in einem Grundbuch, evtl. nur Kassengrundbuch, und Aufstellung einer Jahresabschlußbilanz auf Grund einer Inventur unter Hinzuziehung des Grundbuches oder ggf. der Grundbücher.

Wenn man die Verpflichtung zur Führung von Büchern nach § 161 Abs. 1 Ziff. 1 Reichsabgabenordnung für das Handwerk lediglich nach der Höhe des Umsatzes beurteilt — für Betriebsvermögen und Gewerbeertrag liegen keine Zahlen vor —, dann ist nach den Ergebnissen

---

[32] *Hübschmann-Hepp-Spitaler:* Kommentar zur Reichsabgabenordnung, Köln 1954, Anm. 2 zu § 161 RAO.

der Handwerkszählung von 1949 darauf zu schließen, daß wahrscheinlich mindestens die Betriebe mit bis zu 9 Beschäftigten, darauf entfielen 94,9 % aller Betriebe, einen Jahresumsatz von DM 200 000,— nicht erreichen; denn der Durchschnittsumsatz je Beschäftigtem lag in diesen Betrieben bei höchstens DM 14 830,—[33]. Durch die Vorschrift des § 161 Abs. 1 Reichsabgabenordnung ist also nur ein Teil der Handwerker zur Buchführung verpflichtet.

A l l e Handwerker sind gemäß Verordnung über die Führung eines Wareneingangsbuches — sogenannte Dresdener Verordnung vom 20. Juni 1935 — verpflichtet, für steuerliche Zwecke ein Wareneingangsbuch zu führen, in dem nach näherer Bestimmung alle Waren, Rohstoffe, Halberzeugnisse, Hilfsstoffe und Zutaten einzutragen sind, die der Handwerker zur gewerblichen Weiterveräußerung oder Vermittlung erwirbt. Befreit von der Führung des Wareneingangsbuches sind Handwerker (Unternehmer), die zur Führung von Büchern nach § 38 Abs. 1 HGB oder die nach anderen gesetzlichen Vorschriften zur Führung von dem Wareneingangsbuch gleichwertigen Büchern verpflichtet sind.

Ferner sind a l l e Handwerker nach § 161 Abs. 1 Ziff. 2 Reichsabgabenordnung verpflichtet, für Zwecke der Umsatzsteuer zur Feststellung der Entgelte Aufzeichnungen zu machen. Nach § 15 der Durchführungsbestimmungen zum Umsatzsteuergesetz müssen die Entgelte fortlaufend, mindestens täglich, aufgezeichnet, der Eigenverbrauch erfaßt und beide mindestens am Schluß jedes Voranmeldungszeitraumes (Monat oder Vierteljahr) aufgerechnet werden.

Die Betrachtung der Buchführungs- und Aufzeichnungspflichten der Handwerker ergibt, daß ein sehr geringer Teil der Handwerker nach § 38 HGB zur ordnungsmäßigen Buchführung, ein wenig größerer zur einfachen Buchführung (§ 161 Abs. 1 Ziff. 1 RAO, § 4 Abs. 1 EStG) und der überwiegende Teil lediglich zur Führung von Wareneingangsbuch und zu Aufzeichnungen für Zwecke der Umsatzsteuer verpflichtet ist. Die Anordnung des damaligen Reichsstandes des deutschen Handwerks vom 20. Oktober 1937, die auf dem Erlaß des Reichswirtschaftsministers vom 12. November 1936 begründet war und dem Handwerk für Zwecke der Planwirtschaft einen bestimmten Umfang von Aufzeichnungen vorschrieb, ist durch Militärregierungsgesetz Nr. 56 außer Kraft gesetzt.

Vor Darstellung des tatsächlichen Standes von Buchführung und Kostenrechnung im Handwerk ist zunächst einiges vorauszuschicken.

Wie schon dargelegt worden ist, hatten 1949 rd. 81 % aller Handwerksmeister höchstens 3 Hilfskräfte und rd. 37 % keine fremden Ar-

---

[33] Statistisches Bundesamt: a.a.O., S. 36.

beitskräfte. Dadurch ist bedingt, daß die Mehrzahl der Handwerksmeister voll in den eigentlichen Produktionsprozeß eingespannt ist. Zur Ausführung von Verwaltungsarbeiten sind diese Handwerker daher meist nur nach ihrem eigentlichen Arbeitstag in der Lage. Schon rein physisch bestehen dann nur noch wenig Kräfte für diese Arbeiten, und man ist schon aus diesem Grunde bestrebt, die Verwaltungsarbeiten auf ein geringstmögliches Maß zu beschränken. Abgesehen davon, daß sich durch den geringen Umfang der Verwaltungstätigkeit des Handwerks vielleicht einer der bedeutendsten Kostenvorteile gegenüber der Industrie ergibt, wird daher die Buchführung von den meisten Handwerkern in der Regel als eine zusätzliche Last angesehen. Kaufmännische Hilfskräfte werden in der Mehrzahl der Betriebe nicht beschäftigt, da sie nicht ausgelastet werden können.

Darüber hinaus fehlen dem hier zur Rede stehenden Kreis der Handwerker aber auch ganz einfach die erforderlichen Kenntnisse buchhalterischer und kostenrechnerischer Art. Zwar bemühen sich die Handwerksorganisationen sehr, ihren Mitgliedern das nötige Rüstzeug zu geben; die Ergebnisse der Bemühungen sind jedoch nicht besonders günstig. Man kann z. B. oft beobachten, daß der in Kursen zur Vorbereitung auf die Meisterprüfung behandelte Stoff, der hauptsächlich auf die in den Prüfungen gestellten Anforderungen ausgerichtet ist, von den Prüflingen schematisch auswendig gelernt wird und später nicht praktisch ausgewertet werden kann. In der Praxis werden dann auch die jungen Meister von dem Produktionsprozeß, der sich immer komplizierter gestaltet, und der scharfen Konkurrenz arbeitsmäßig so in Anspruch genommen, daß eine Fortbildung auf dem kaufmännischen Sektor unterbleibt und die erworbenen Kenntnisse wieder verkümmern.

Es kommt deshalb nicht selten vor, daß die Buchführung dem Handwerker „ein Buch mit sieben Siegeln ist, das nur dem Zwang gehorchend, nicht dem eigenen Triebe, geführt wird"[34]. Dabei ist auch von Bedeutung, daß rund 14 % aller Handwerksbetriebe mit einer Landwirtschaft verbunden sind und daß auch oft eine enge Verflechtung mit der Hauswirtschaft des Meisters gegeben ist; daraus ergeben sich leicht beträchtliche Abgrenzungsschwierigkeiten.

Man findet daher im Handwerk ziemlich selten doppelte Buchführung, häufiger einfache Buchführung und überwiegend nur Einnahmen-Ausgabenrechnung, letztere wohl mindestens in den Betrieben mit bis zu 4 Beschäftigten, auf die 1949 rd. 81 % aller Handwerksbetriebe entfielen. Im Rahmen der Einnahmen-Ausgabenrechnung wird den Anforderungen des § 161 Abs. 1 Ziff. 2 Abgabenordnung Genüge getan,

---

[34] *Degmeyer*, Hans: Die handelsrechtlichen und steuerrechtlichen Anforderungen an die Buchhaltung des Handwerkers, Stuttgart 1953, S. 25.

und gleichzeitig können daraus die Unterlagen für die Gewinnermittlung nach § 4 Abs. 3 Einkommensteuergesetz entnommen werden. Wenn doppelte Buchführung vorhanden ist, dann ist diese häufig allein nach steuerlichen Gesichtspunkten ausgerichtet, Handelsbilanzen und darauf basierende Erfolgsrechnungen sind kaum zu finden[35, 36, 37].

Die Qualität des nur geringen Umfanges der Aufzeichnungen des Handwerks wird häufig schlecht beurteilt; trotzdem ist sicher, daß auch bei der überwiegenden Zahl der Handwerker, die lediglich Einnahmen und Ausgaben aufzeichnen, zumindest den geringen Anforderungen des § 161 Abs. 1 Ziff. 2 Abgabenordnung voll entsprochen wird und daß auch hinreichende Unterlagen für die Gewinnermittlung nach § 4 Abs. 3 Einkommensteuergesetz geschaffen werden. Das kann insbesondere deswegen angenommen werden, weil handwerkliche Buchstellen und Angehörige der steuerberatenden Berufe in aller Regel zur Beratung herangezogen werden.

Aus dem damit aufgezeigten Stand der Buchführung folgert der Stand der Kostenrechnung des Handwerks.

Die Einnahmen-Ausgabenrechnung kann für die Kostenrechnung kein geeignetes Material liefern, da ja in der Buchführung nur d e r Aufwand festgehalten wird, der bereits Ausgabe geworden ist. Wie aus der einfachen Buchführung können auch aus der im Handwerk nur selten vorhandenen doppelten Buchführung in der Regel ebenfalls keine geeigneten Unterlagen für die Kostenrechnung entnommen werden, da hier rein steuerliche Orientierung vorherrscht. Hinzu treten die mangelnden Kenntnisse der Handwerker in der Kostenrechnung. Daher ist in Handwerksbetrieben eine eigene und auch nur einigermaßen genaue Kostenrechnung, die z. B. für die überwiegend notwendige Zuschlagskalkulation die Ermittlung betriebsindividueller Zuschlagssätze ermöglichen könnte, nur sehr selten zu finden. Nur wenige Handwerker sind in der Lage, ihre Leistungen auf Grund der in ihrem Betrieb tatsächlich angefallenen Kosten zu kalkulieren; die Gemeinkosten werden bei der Zuschlagskalkulation überwiegend mit Zuschlagssätzen verrechnet, die „Erfahrungssätze", von Handwerksorganisationen empfohlene oder völlig veraltete und für den jeweiligen Betrieb nur in den seltensten Fällen zutreffende Sätze aus der Literatur sind[38, 39].

---

[35] *Rößle*, Karl: a.a.O., Sp. 50.
[36] *Elbern*, Hans: Die Entwicklung des Rechnungswesens im Handwerk des Kreises Erkelenz, Diss. Köln 1941, S. 87.
[37] *Füllemann*, Kurt: Die Buchhaltung im Handwerksbetrieb, Zürich 1952, S. 64.
[38] *Füllemann*, Kurt: a.a.O., S. 87.
[39] *Siedbürger*, Hans: Die einfache Buchführung in den Handwerkszweigen, in: Deutsches Handwerksblatt, 1949, Heft 19, S. 330 f.

Weiterhin wird in einer Reihe von Handwerkszweigen in aller Regel niemals selbständig kalkuliert. In diesen Zweigen bestehen gewisse Preis- und Kalkulationsnormen, die von den Handwerkern meist ohne Rücksicht auf die eigene Kostengestaltung übernommen werden. Hierbei ist zu denken an die Preisbildung im Bäcker-, Schuhmacher-, Schneider-, Friseur- und Uhrmacherhandwerk, in denen für eine bestimmte Lieferung oder Leistung von den Handwerkern einheitliche Preise verlangt werden.

Die damit getroffenen Feststellungen sind bei der folgenden Betrachtung der Probleme, die sich bei der Ermittlung der Besteuerungsgrundlagen für eine Nettoumsatzsteuer und bei ihrer Kalkulation ergeben, zu beachten.

2. Die Nettoumsatzsteuer mit Vorumsatzabzug, direkte Methode, im Handwerk

Die Nettoumsatzsteuer mit direkter Mehrwertbesteuerung beruht darauf, daß von den Bruttoentgelten die abzugsfähigen Vorumsätze abgezogen werden können und auf den sich ergebenden Restbetrag die entsprechenden Steuersätze angewendet werden.

Man unterscheidet hier noch zwei theoretisch denkbare Verfahren, nämlich direkte Mehrwertbesteuerung mit negativ bestimmtem Mehrwert und mit positiv bestimmtem Mehrwert[40,41]. Beim erstgenannten Verfahren, an das eigentlich ausschließlich bei der direkten Methode gedacht wird, ermittelt man die Bemessungsgrundlage durch Subtraktion der abzugsfähigen Posten von dem Bruttoumsatz, während sie bei dem zweiten Verfahren durch Addition der im Bruttoumsatz enthaltenen nicht abzugsfähigen Positionen bestimmt wird. Da bei dem zweiten Verfahren der Reingewinn und die nicht abzugsfähigen Teile des Rohgewinns zu ermitteln sind, würden sich schwierige Bewertungsfragen ergeben, die eine Anwendung des Verfahrens nicht als zweckmäßig erscheinen lassen, insbesondere wenn, wie bisher, kurz nach Ablauf eines Monats Voranmeldungen abgegeben und Vorauszahlungen geleistet werden sollen. Bei der folgenden Betrachtung wird daher nur von dem direkten Verfahren mit negativ bestimmtem Mehrwert die Rede sein.

a) Ermittlung der Besteuerungsgrundlagen

Für die Ermittlung der Besteuerungsgrundlagen der Nettoumsatzsteuer ist die Feststellung des steuerbaren Bruttoumsatzes und der abzugsfähigen Vorumsätze erforderlich.

---

[40] *Kleinjohann*, Karl: a.a.O., S. 88 f.
[41] Hierzu siehe auch: *Ito*, Hanya: Theorie und Technik der Nettoumsatzsteuer in Japan, in: Finanzarchiv, Neue Folge, Band 15, Heft 3, Tübingen 1955, S. 460 f.

Hinsichtlich der Feststellung des Bruttoumsatzes ergeben sich gegenüber dem bisherigen Umsatzsteuersystem keinerlei Abweichungen. Es sind wie bisher die Entgelte aufzuzeichnen und monatlich aufzuaddieren. Falls verschiedene Steuersätze zur Anwendung kommen können, ist eine Aufteilung der Entgelte auf die verschieden zu besteuernden Umsätze erforderlich. Von dem steuerbaren Bruttoumsatz sind die steuerbefreiten Umsätze abzusetzen.

Neue Anforderungen hinsichtlich der Feststellung der Besteuerungsgrundlagen ergeben sich wegen der Ermittlung der abzugsfähigen Vorumsätze.

In Anlehnung an die Handhabung bei der französischen Produktions- und Mehrwertsteuer wird vorgeschlagen, daß Vorumsätze für Investitionen nur in Höhe der jährlichen Abschreibungsquoten, wie sie gem. § 6 Einkommensteuergesetz zulässig sind, als Vorumsatz abzugsfähig sind. Für die Investitionsgüter, die zu den geringwertigen Wirtschaftsgütern im Sinne von § 6 Abs. 2 Einkommensteuergesetz 1955 gehören, wird zweckmäßigerweise analog dem Einkommensteuerrecht der sofortige volle Abzug als Vorumsatz zugelassen.

Da das Verfahren der monatlichen Voranmeldungen und Vorauszahlungen übernommen werden soll, sind also monatlich neben dem Bruttoumsatz die abzugsfähigen Posten

    eingeführte Güter,
    Roh- und Hilfsstoffe,
    bezogene Halberzeugnisse,
    empfangene Leistungen,
    allgemeiner Geschäftsaufwand und geringwertige Wirtschaftsgüter sowie
    pro-rata-Abschreibungsquoten für Investitionsgüter

zu ermitteln.

Wenn mehrere Umsatzsteuersätze in einem Betrieb zur Anwendung kommen können, ist gegebenenfalls auch eine Aufteilung der Vorumsätze auf die unterschiedlich zu versteuernden Bruttoumsätze erforderlich.

Nach dem Gesetzentwurf des Finanzwissenschaftlichen Forschungsinstituts sollen der Besteuerung in erster Linie v e r e i n b a r t e Entgelte nach Abzug v e r e i n b a r t e r Vorumsätze zugrunde gelegt werden. Auf Antrag sollen auch vereinnahmte Entgelte angesetzt werden können, wobei man dann zweckmäßigerweise tatsächliche Ausgaben für abzugsfähige Vorleistungen zum Abzug zuläßt. Es würden sich nämlich unnötige Abgrenzungsschwierigkeiten ergeben, wollte man den Abzug vereinbarter Entgelte für Vorlieferungen von vereinnahmten Entgelten gestatten. Bei dem Abzug vereinbarter Entgelte für Vorlieferungen von vereinnahmten Entgelten würde sich auch ein gewisser Zinsvorteil ergeben, wie sich andererseits demgegenüber ein Nachteil durch Abzug von tatsächlichen Leistungen für Vorumsätze von vereinbarten Entgelten ergeben muß.

Für das Handwerk ist zu berücksichtigen, daß die Erfassung von vereinbarten Entgelten in einigen Zweigen schwer möglich ist, da nur in Einzelfällen Rechnungen erteilt werden. In diesen Zweigen werden nämlich fast nur Umsätze mit den Konsumenten getätigt, und zwar bei überwiegender Barzahlung.

Buchhalterisch wird die Erfassung der Brutto- und Vorumsätze im Handwerk bei Vorliegen d o p p e l t e r Buchführung sowohl bei Versteuerung nach Solleinnahmen und -ausgaben — abgesehen von der soeben gemachten Einschränkung — als auch nach Isteinnahmen und -ausgaben keine besonderen Schwierigkeiten bereiten. E i n f a c h e r ist die Feststellung der Besteuerungsgrundlagen bei Sollversteuerung, da hier die Bruttoumsätze bereits bei der Verbuchung auf den Verkaufskonten gesammelt werden, während bei Ist-Versteuerung eine besondere Sammlung der auf den verschiedenen Geldkonten eingehenden Entgelte erforderlich wird.

Doppelte Buchführung ist nun nach Darlegungen an früherer Stelle im Handwerk seltener gegeben, vielmehr liegt in der Regel einfache Buchführung und reine Einnahmen-Ausgabenrechnung vor, bei der ein Geschäftsvorfall erst nach seiner geldmäßigen Abwicklung einen Niederschlag in den Büchern findet. Hier würde die Versteuerung nach vereinbarten Entgelten zusätzliche Arbeit verursachen. Einmal wäre die Sammlung von Ausgangsrechnungen notwendig, falls sie in den einzelnen Handwerkszweigen überhaupt üblich und notwendig sind, und zum andern müßten zusätzlich die Rechnungsbeträge für abzugsfähige Vorumsätze gesammelt werden. Das könnte zwar evtl. durch entsprechende Erweiterung des sowieso zu führenden Wareneingangsbuches ohne übermäßigen Mehraufwand erledigt werden. Da aber beim Nettoumsatzsteuersystem die Wahl der Versteuerung nach vereinbarten oder nach vereinnahmten Entgelten nicht mehr von Zinserwägungen, sondern von Überlegungen der zweckmäßigsten buchhalterischen Erfassung der Bemessungsgrundlagen bestimmt wird, kann man den Handwerkern ohne Bedenken die Ist-Versteuerung einräumen. Falls sich dennoch durch Soll-Versteuerung bei längerfristiger Kreditgewährung Zinsnachteile gegenüber der Ist-Versteuerung ergeben würden, wäre ein Ausgleich durch Aufschub der Umsatzsteuerzahlungen leicht herbeizuführen. Analog der Regelung im französischen Mehrwertsteuersystem könnte z. B., wenn von Unternehmern durchschnittlich mehr als 2 Monate Kredit gewährt wird, die Steuer unter Zuhilfenahme von verbürgten Schuldversprechen später als nach Ablauf des normalen Vorauszahlungszeitraums fällig gestellt werden.

Im Falle der Ist-Versteuerung können auch bei einfachster Kassenbuchführung, die in jedem Betrieb mindestens vorhanden ist, sowohl Bruttoumsatz als auch abzugsfähige Vorumsätze von jedem Handwerker leicht ermittelt werden, z. B. durch je eine besondere Spalte auf der Einnahmen- und der Ausgabenseite des Kassenbuches, in denen einerseits steuerpflichtige Entgelte und andererseits abzugsfähige Vorumsätze erfaßt werden. Falls neben dem Bargeldverkehr auch unbarer Verkehr gegeben ist, muß die Sammlung der Bruttoentgelte und Vorumsätze aus diesem Geschäftsverkehr in Bank- und Postscheck-Journal sichergestellt werden.

b) Die Kalkulation der Nettoumsatzsteuer

Die Überwälzung der Umsatzsteuer auf den Verbraucher ist eine vom Gesetzgeber gewollte Funktion dieser Steuer, die sich aus ihrer Bestimmung als allgemeine Verbrauchsteuer ergibt.

Der Unternehmer muß also die Umsatzsteuer in den Preis einrechnen, sie kalkulieren, wenn sie nicht zu einer Art Rohgewinnsteuer werden soll.

Das Gelingen der Überwälzung kann jedoch vom Gesetzgeber nur gesetzestechnisch begünstigt, nicht aber erzwungen werden; über die sie fördernden Gesetzesbestimmungen hinaus ist die Möglichkeit der Überwälzung durch die Elastizitäten von Angebot und Nachfrage bestimmt.

Bei dem Bruttoumsatzsteuersystem ist die Kalkulation der Umsatzsteuer sehr einfach, da lediglich auf den „vorläufigen" Verkaufspreis die erforderlichen Steuersätze, also z. B. 4 % im Hundert bzw. rd. 4,16 % vom Hundert, anzuwenden sind. Die tatsächliche und gesonderte Berechnung der Umsatzsteuer auf den Verkaufspreis ohne Umsatzsteuer kommt aber nur in einem Teil des Handwerks zum Zuge, insbesondere im Bauhandwerk, metall- und holzverarbeitenden Handwerk sowie in Teilen des Bekleidungshandwerks. In anderen Handwerkszweigen, in denen Preis- und Kalkulationsnormen bestehen — in großen Teilen der Nahrungsmittelhandwerke sowie der Handwerke der persönlichen Dienstleistungen —, erfolgt keine gesonderte Berechnung der weiterzuwälzenden Umsatzsteuer; hier wird sie in den Preis- oder Kalkulationsnormen berücksichtigt. Dabei kann als sicher gelten, daß die Preise nach den Kosten der Grenzbetriebe ausgerichtet sind, so daß Deckung aller Kosten, Überwälzung der Umsatzsteuer und ein Gewinn gewährleistet sind.

Soweit nun selbständig kalkuliert wird, ergeben sich bei der Kalkulation der Nettoumsatzsteuer im direkten Verfahren gegenüber der Bruttoumsatzsteuer für den Handwerker mit seiner nur gering ausgebauten Buchhaltung und mangelnden Fähigkeit zur genauen Kalkulation beachtliche Schwierigkeiten, da nun auch die abzugsfähigen Vorumsätze berücksichtigt werden müssen.

Bei Divisionskalkulation ist die Kalkulation beispielsweise wie folgt durchzuführen:

	DM	Vorumsatz DM
Material	1000,—	1000,—
Löhne	1000,—	—
Gemeinkosten	500,—	200,—
	2500,—	1200,—
Gewinn	500,—	—
Verkaufspreis ohne Umsatzsteuer (vorläufiger Verkaufspreis)	3000,—	1200,—

Die Umsatzsteuer ist von dem um den Vorumsatz gekürzten vorläufigen Verkaufspreis zu berechnen und zu kalkulieren. Wenn die Umsatzsteuer selbst nicht als Vorumsatz abzugsfähig ist, muß dabei der Steuersatz „im Hundert" gerechnet oder es muß ein entsprechend erhöhter vom-Hundert-Satz angewendet werden, damit d e r Betrag überwälzt wird, der von dem leistenden Unternehmer an das Finanzamt abzuführen ist.

Bei einem angenommenen Steuersatz von 10 % wäre also 10 % im Hundert oder 11,111 % vom Hundert zu kalkulieren:

	DM
Vorläufiger Verkaufspreis	3000,—
./. Vorumsatz	1200,—
Nettoumsatz	1800,—
Steuer 10 % = 11,111 % von 1800,—	199,99
Verkaufspreis für x Stück	3199,99
Probe:	
Erlös (Bruttoumsatz)	3199,99
./. Vorumsatz	1200,—
Nettoumsatz	1999,99
10 % Umsatzsteuer	199,99

Die kalkulierte Steuer entspricht also in dem Beispiel dem abzuführenden Betrag.

Die p r a k t i s c h e n Schwierigkeiten liegen für die Handwerker darin, daß die abzugsfähigen Vorumsätze aus den Gemeinkosten zu ermitteln sind. Das erfordert eine gute Kostenrechnung, die den gesamten Aufwand und nicht nur die Ausgaben der Unternehmung als Rechnungsgrundlage hat.

Da im Handwerk Einzelfertigung vorherrscht, muß überwiegend die Zuschlagskalkulation angewendet werden. Die Nettoumsatzsteuer ist dabei im direkten Verfahren wie folgt zu handhaben:

Ermittlung der Besteuerungsgrundlagen

	DM	Vorumsatz DM
Material	1000,—	1000,—
Materialabhängige Gemeinkosten, 20 % von 1000,—	200,—	100,—
Löhne	2000,—	—,—
Lohnabhängige Gemeinkosten, 40 % von 2000,—	800,—	—,—
Herstellkosten	4000,—	1100,—
Verwaltungs- und Vertriebsgemeinkosten 10 % von 4000,—	400,—	100,—
Selbstkosten	4400,—	
Gewinn	600,—	
Verkaufspreis ohne Umsatzsteuer (vorläufiger Verkaufspreis)	5000,—	1200,—

Umsatzsteuer
   Vorläufiger Verkaufspreis .... 5000,—
   ./. Vorumsatz .... 1200,—

   Nettoumsatz .... 3800,—

Umsatzsteuer
   Steuer 10 % = 11,111 % von 3800,— 422,22

Verkaufspreis 5422,22

Probe:
   Erlös (Bruttoumsatz) 5422,22
   ./. Vorumsatz .... 1200,—

   Nettoumsatz 4222,22
   10 % Umsatzsteuer 422,22

Die kalkulierte Steuer entspricht dem abzuführenden Betrag.

Während bei der Divisionskalkulation die abzugsfähigen Vorumsätze aus den Gemeinkosten in absoluten Zahlen zu ermitteln sind, was noch relativ leicht ist, müssen bei der Zuschlagskalkulation die Vorumsätze nach ihrer Ermittlung in absoluter Höhe in Prozent der Gemeinkosten-Zuschlagssätze festgelegt und bei der einzelnen Kalkulation abgezogen werden.

Beispiel: DM
Summe der Materialgemeinkosten .... 1000,—
   darin abzugsfähige Vorumsätze .... 500,—
Materialeinsatz .... 8000,—
daraus: Zuschlagssatz $\left(\frac{1000 \times 100}{8000}\right)$ .... 12,5 %
abzugsfähiger Vorumsatz = 50 % des Zuschlagssatzes bzw. 6,25 %
der Zuschlagsgrundlage

Kalkulation	DM	Vorumsatz DM
Materialeinsatz	1000,—	
12,5 % Materialgemeinkosten	125,—	
darin 50 % abzugsfähiger Vorumsatz		62,50
Materialkosten	1125,—	
Fertigungslöhne	2000,—	
usw.		

Wenn daher schon bei der Divisionskalkulation gesagt werden mußte, daß für die genaue Ermittlung der abzugsfähigen Vorumsätze ein gutes Rechnungswesen erforderlich ist, dann gilt das um so mehr für die Zuschlagskalkulation. Da aber im Handwerk nach Darlegungen an früherer Stelle die erforderliche Genauigkeit von Buchführung, Kostenrechnung und Kalkulation in aller Regel nicht gegeben ist, kann man annehmen, daß die Vorumsätze aus Gemeinkosten nicht in genauer Höhe zum Abzug kommen werden. Die Handwerker werden vielmehr die Vorumsätze für Gemeinkosten bei der Kalkulation mit vorsichtig gegriffenen, d. h. der Tendenz nach nicht ausreichenden geschätzten Beträgen in Abzug bringen. Damit besteht die Gefahr, daß die Kumulativwirkung der Umsatzsteuer im Hinblick auf die Gemeinkosten nicht oder nicht g a n z ausgeschaltet wird.

3. Die Nettoumsatzsteuer mit Vorsteuerabzug, indirekte Methode, im Handwerk

Bei dem indirekten Verfahren der Nettoumsatzsteuer wird der Steuersatz auf den Bruttoumsatz angewendet und von dem daraus errechneten Steuerbetrag die mit den Vorumsätzen bereits auf den Unternehmer überwälzte Steuer abgezogen.

B e i s p i e l :

Bruttoumsatz	DM 1000,—
Steuersatz	10 %
Umsatzsteuer	DM 100,—
./. In Vorumsätzen enthaltene Umsatzsteuer	DM 80,—
Abzuführende Umsatzsteuer	DM 20,—

Die abzugsfähige Umsatzsteuer aus Vorumsätzen muß dem Unternehmer in d e r Form kenntlich gemacht werden, daß in jeder Rechnung der in dem Rechnungsbetrag enthaltene Umsatzsteueranteil offen ausgewiesen wird. Eine besondere Feststellung der begünstigten Vorumsätze wie bei dem direkten Verfahren ist hier nicht erforderlich; abzugsfähig ist eben die Summe der in den Lieferanten-Rechnungen ausgewiesenen Umsatzsteuerbeträge. Für die in Rechnungen für Investitionsgüter ausgewiesenen Umsatzsteuerbeträge könnte — analog dem oben bei Besprechung der direkten Methode erwähnten Verfahren — nur ein Abzug in Höhe der Abschreibungsquoten zugelassen werden, so daß diese abzugsfähigen Beträge auf mehrere Jahre aufgeteilt werden müßten.

Durch das indirekte Verfahren wird erreicht, daß der Umsatzsteueranteil im Preis in jedem Fall dem Steuersatz entspricht, und zwar auch bei differenzierten Sätzen in verschiedenen Wirtschaftsstufen; bei differenzierten Sätzen im direkten Verfahren ist das nicht genau möglich.

Beispiel:

	direkte Methode DM	indirekte Methode DM
1. Stufe		
Bruttoumsatz	1000,—	1000,—
Steuer 5 % (indirekt)		50,—
./. Vorumsatz	—,—	
./. Vorsteuer		—,—
Nettoumsatz	1000,—	
Nettoumsatzsteuer 5 %	50,—	50,—
2. Stufe		
Bruttoumsatz	1500,—	1500,—
Steuer 10 % (indirekt)		150,—
./. Vorumsatz	1000,—	
./. Vorsteuer		50,—
Nettoumsatz	500,—	
Nettoumsatzsteuer 10 %	50,—	100,—
Nettoumsatzsteuer im Verkaufspreis der Stufe 2		
aus Stufe 1	50,—	50,—
aus Stufe 2	50,—	100,—
	100,—	150,—
Nettoumsatzsteuer in % des Verkaufspreises Stufe 2	6,66 %	10 %

Beim direkten Verfahren erreicht zwar der relative Umsatzsteueranteil im Preise höchstens den oberen Satz, so daß die Kumulierung der Steuer unmöglich wird, er ist jedoch nicht mit dem Steuersatz der letzten Stufe identisch. Das ist aber bei dem indirekten Verfahren infolge der sogenannten „Nachholwirkung" der Fall. Ein Nachteil des indirekten Verfahrens liegt darin, daß der Steueranteil in den Rechnungen offen ausgewiesen werden muß[42]. Man befürchtet, daß dadurch der Steuerwiderstand steigt, insbesondere wenn relativ hohe Steuersätze zur Anwendung kommen müssen. In Österreich hat man bei der phasenpauschalierten Umsatzsteuer, die ebenfalls den offenen Ausweis der Steuer erfordert, festgestellt, daß der Käufer die offen in Rechnung gestellte Umsatzsteuer ebenso wie besonders berechnete Porti, Verpackung und dergleichen häufig nicht bezahlte[43]. Da aber letztlich der Konsument, auf den die gesamte Umsatzsteuer überwälzt werden soll, den Umsatzsteueranteil im Preise nicht sieht, darf man die aus dem Mangel des offenen Ausweises der Steuern erwachsenden Widerstände nicht überschätzen.

---

[42] *Schmölders,* Günter: Die Veredelung der Umsatzsteuer: Finances Publiques, Vol. 9, no. 2, La Haye, o. J.
[43] *Meier,* Albert: a.a.O., S. 23.

a) Ermittlung der Besteuerungsgrundlagen

Bei Durchführung des Nettoumsatzsteuersystems mit indirekter Mehrwertbesteuerung ist ebenso wie bei der direkten Methode der Bruttoumsatz eine der beiden Komponenten für die Berechnung der Steuerschuld. Hinsichtlich seiner Ermittlung ergeben sich keinerlei Unterschiede gegenüber dem direkten Verfahren und dem Bruttoumsatzsteuersystem.

Gegenüber dem direkten Verfahren gilt es nun, an Stelle der abzugsfähigen Vorumsätze die in Vorumsätzen enthaltene Umsatzsteuer zu ermitteln. Da diese Beträge in den Rechnungen der Lieferanten ausgewiesen werden müssen, ergeben sich hinsichtlich ihrer Feststellung keine Schwierigkeiten. Sie sind dann nur noch in zweckmäßiger Form buchmäßig zu sammeln bzw. nachzuweisen.

Wenn doppelte Buchführung vorliegt, können — wie oben bereits dargelegt — die Bruttoumsätze buchhalterisch bei Sollversteuerung leichter ermittelt werden als bei Istversteuerung.

Die buchhalterische Ermittlung der Vorsteuern ist bei doppelter Buchführung und Versteuerung nach dem S o l l in d e r einfachen Form möglich, daß die Rechnungen ohne den im Rechnungsbetrag enthaltenen Umsatzsteueranteil den Wareneingangs-, Aufwands- oder Anlagekonten und der jeweilige Umsatzsteueranteil einem besonderen Verrechnungskonto „Umsatzsteuer" belastet werden. Diesem Konto kann dann das an Hand des Bruttoumsatzes ermittelte Brutto-Steuersoll gutgeschrieben werden. Die Differenz zwischen Soll- und Habenseite — unter Berücksichtigung der anteiligen Verrechnung der Umsatzsteuer aus Rechnungen für Investitionsgüter — ist dann an das Finanzamt abzuführen bzw. stellt ein Guthaben dar, das in den folgenden Voranmeldungszeiträumen verrechnet werden kann.

Beispiel:

Wareneingang	DM 1000,—
darin Steueranteil	DM 100,—
Bruttoumsatz	DM 2000,—
Steuer 10 %	DM 200,—

Verrechnung Umsatzsteuer		Wareneingang	
1. 100,—	2. 200,—	1. 900,—	
3. 100,—			
Finanzamt		Aufwand	Lieferanten
	3. 100,—	2. 200,—	1. 1000,—

Bei doppelter Buchführung und Versteuerung nach dem I s t wird die Erfassung der Vorsteuer erschwert, da bei Bezahlung jeweils auf die Rechnungen zurückgegriffen werden muß, um bei der Verbuchung die Aufteilung der Zahlungen auf Warenwert und Steuer durchführen zu können.

Wenn mehrere Steuersätze in einer Unternehmung angewendet werden können, ist die Aufteilung der Vorsteuern auf die verschieden zu versteuernden Bruttoumsätze erforderlich.

Da im Handwerk überwiegend einfache Buchführung oder Einnahmen-Ausgabenrechnung vorliegt, ist die Ermittlung der Besteuerungsgrundlagen bei der indirekten Methode im Rahmen dieser Buchführungssysteme besonders zu betrachten.

Da einmal in einigen Zweigen des Handwerks wegen des Geschäftsverkehrs mit den Konsumenten selten Rechnungen erteilt werden und bei einfacher Buchführung sowie Einnahmen-Ausgabenrechnung eine Sammlung der Ausgabenrechnungen nicht erfolgt, ist auch bei der in - direkten Methode der Nettoumsatzsteuer vom Standpunkt der einfachsten Ermittlung des Bruttoumsatzes aus die Versteuerung nach dem Ist günstiger zu beurteilen als Sollversteuerung. Für die Ermittlung der abzugsfähigen Vorsteuer ist nicht anders zu entscheiden. Denn Lieferantenrechnungen finden in den zur Rede stehenden Buchhaltungssystemen in der Regel erst bei ihrer Bezahlung einen buchhalterischen Niederschlag — wenn man von Rechnungen für Waren, Roh- und Hilfsstoffe, die bereits vorher in das Wareneingangsbuch einzutragen sind, absieht. Dabei kann man die abzugsfähige Vorsteuer ohne Schwierigkeiten aus den Rechnungsbeträgen aussondern und getrennt erfassen.

Da man also sowohl Bruttoumsatz als auch Vorsteuern bei einfacher Buchführung und Einnahmen-Ausgabenrechnung am leichtesten nach Vereinnahmung bzw. Verausgabung feststellen kann, müßte den Handwerkern unter Berücksichtigung des Standes des Rechnungswesens im Handwerk auch bei der indirekten Methode zweckmäßigerweise die Option für die Istversteuerung gegeben werden. Andernfalls müßten für den überwiegenden Teil des Handwerks Vorschriften erlassen werden, die eine Erweiterung des Buchführungsumfanges herbeiführen, was auf große Schwierigkeiten stoßen müßte. Bei Istversteuerung wäre in der Praxis die Erfassung von Bruttoumsatz und Vorumsatz j e d e m Handwerker auch bei einfachster Form der Buchhaltung durch besondere Spalten auf der Einnahmenseite und der Ausgabenseite des Kassenbuches leicht möglich. Besonderer Behandlung bedürften lediglich die nur pro rata abzugsfähigen Vorsteuern aus Rechnungen für Investitionsgüter.

b) Die Kalkulation der Nettoumsatzsteuer

Gegenüber dem Bruttoumsatzsteuersystem wirft die Nettoumsatzsteuer auch bei der in direkten Methode für die Kalkulation der Handwerker besondere Probleme auf.

Die Nettoumsatzsteuer mit Vorsteuerabzug, indirekte Methode

Zunächst ist wiederum zu sagen, daß ein Teil der Handwerker nicht selbständig kalkuliert, da in ihren Zweigen Preis- oder Kalkulationsnormen bestehen. Es handelt sich hierbei um die Handwerkszweige, die gelegentlich der Besprechung der Kalkulation der Steuer beim direkten Verfahren bereits erwähnt wurden, insbesondere also um Nahrungsmittelhandwerke und Handwerke der persönlichen Dienstleistungen.

In den übrigen Handwerkszweigen muß man sich mit den größeren Anforderungen an die Kalkulation wegen des Vorsteuerabzuges auseinandersetzen.

Es ist bei der Kalkulation erforderlich, die in den Vorumsätzen enthaltene Umsatzsteuer bei der auf den Abnehmer zu überwälzenden Steuer abzuziehen.

Bei der Divisions- und Sortenkalkulation sowie der Äquivalenzzifferrechnung ist so zu verfahren, daß die Gesamtkosten ohne ihren Umsatzsteueranteil der Kalkulation zugrunde gelegt werden.

Beispiel:

Divisionskalkulation	Nettowert DM	Umsatzsteueranteil DM
1. Kalkulation		
Material	900,—	100,—
Löhne	2000,—	—,—
Gemeinkosten	500,—	30,—
Gewinn	200,—	—,—
	3600,—	130,—
Erzeugte Einheiten 100		
Kosten je Einheit	36,—	
+ 10 % Umsatzsteuer i.H.	4,—	
Verkaufspreis je Einheit	40,—	
2. Abrechnung Finanzamt		
Erlös 100 Einheiten	4000,—	
Umsatzsteuer 10 %	400,—	
./. Vorsteuer	130,—	
Abzuführende Steuer	270,—	

Die im Handwerk häufiger anzuwendende Zuschlagskalkulation ist beim indirekten Verfahren ebenfalls in der Form durchzuführen, daß alle Kalkulationselemente bei der Kalkulation ohne ihren Steueranteil angesetzt werden.

Beispiel:

Zuschlagskalkulation	DM	DM
1. Kalkulation		
Einkaufspreis Material	3000,—	
./. Steueranteil	300,—	2700,—
+ Materialzuschlag 20 %		540,—
		3240,—

+ Löhne	3000,—
	6240,—
+ Gewinnzuschlag 10 %	624,—
	6864,—
+ Umsatzsteuer 10 % i.H.	763,—
Verkaufspreis	7627,—

2. **Rechnungserteilung**

Materialverbrauch	3240,—
Löhne (einschließlich Gewinn)	3624,—
	6864,—
Umsatzsteuer	763,—
	7627,—

3. **Abrechnung Finanzamt**

Entgelt	7627,—
Umsatzsteuer 10 %	762,70
./. Vorsteuer	300,—
Abzuführende Steuer	462,70

In der Praxis treten bei der Zuschlagskalkulation Schwierigkeiten dadurch auf, daß auch die in den Vorumsätzen für Gemeinkosten (Abschreibungen, Büromaterial usw.) enthaltene Umsatzsteuer abzugsfähig ist. Deshalb müssen Gemeinkostenzuschläge ohne die in den Gemeinkosten enthaltene Umsatzsteuer errechnet werden. Zum Beispiel müssen also die Abschreibungsquoten ausgehend von einem Anschaffungspreis ausschließlich Vorsteuer verrechnet werden. Während die Vorsteuer für die zu kalkulierenden Einzelkosten, z. B. Rohstoffe, relativ leicht ermittelt werden kann, erfordert die Berücksichtigung des Vorsteuerabzuges für Gemeinkosten eine sehr genaue Berechnung der Zuschlagssätze. Bei einer guten Kostenrechnung auf der Grundlage genauer Buchführung ist diese Aufgabe durchaus zu lösen. Wie aber oben dargelegt, sind in Handwerksbetrieben in seltenen Fällen die Grundlagen für eine genaue Kostenrechnung und damit für die Berechnung betriebsindividueller Zuschlagssätze gegeben. Die Folge daraus wird für die Überwälzung der Umsatzsteuer sein, daß im Handwerk auch aus Gründen der Vorsicht die Vorsteuer aus Gemeinkosten nicht oder nicht genügend eliminiert wird, so daß die Steuer durch fehlenden oder nicht ausreichenden Vorsteuerabzug insoweit doppelt überwälzt werden kann und die Kumulativwirkung der Umsatzsteuer nicht voll ausgeschaltet wird.

4. Vergleich von direkter und indirekter Methode im Hinblick auf Ermittlung der Besteuerungsgrundlagen und Kalkulation im Handwerk

Die Ermittlung der Besteuerungsgrundlagen ist nach den Darlegungen bei der **direkten** Methode und Vorliegen von **doppelter**

Buchführung leichter bei Versteuerung nach dem Soll als nach dem Ist durchzuführen, da dann bereits der Bruttoumsatz auf den Verkaufs- oder Erlöskonten im Rahmen der normalen Aufzeichnungen ermittelt wird und insoweit keine Erweiterung der Buchführungsorganisation erforderlich ist. Die abzugsfähigen Vorumsätze können ebenfalls leicht in einem Zuge mit der Verbuchung der Eingangsrechnungen in geeigneter Form erfaßt und gesammelt werden, z. B. im Journal. Bei Istversteuerung müssen dagegen besondere organisatorische Maßnahmen getroffen werden, um von den verschiedenen Geldkonten den Bruttoumsatz und die Leistungen für abzugsfähige Vorumsätze zu erfassen. Für die Ermittlung der Vorumsätze muß dazu bei der Zahlung jeweils noch einmal auf die Rechnung zurückgegriffen werden, um feststellen zu können, ob und inwieweit die Zahlung einen Vorumsatz im Sinne des Nettoumsatzsteuergesetzes betrifft. Ist e i n f a c h e Buchführung oder E i n n a h m e n - A u s g a b e n r e c h n u n g gegeben, dann ist die Ermittlung von Bruttoumsatz und Vorumsatz bei Versteuerung nach dem I s t leichter durchzuführen als bei Soll-Versteuerung. Die Geschäftsvorfälle, die einen steuerpflichtigen Bruttoumsatz oder einen abzugsfähigen Vorumsatz auslösen, finden erst bei ihrer geldlichen Abwicklung einen buchmäßigen Niederschlag und können dabei ohne Schwierigkeiten für Zwecke der Umsatzbesteuerung erfaßt werden. Für Sollversteuerung muß dagegen bei diesen Buchführungssystemen der Umfang der Aufzeichnungen in d e r Richtung erweitert werden, daß die Ausgangsrechnungen für die Ermittlung des Bruttoumsatzes und die Eingangsrechnungen für die Ermittlung der abzugsfähigen Vorumsätze besonders aufgezeichnet werden.

Bei Durchführung der d i r e k t e n Methode der Nettoumsatzsteuer wird sich das Handwerk daher bei doppelter Buchführung zweckmäßig für Sollversteuerung und im übrigen bei einfacher Buchführung und Einnahmen-Ausgabenrechnung für Istversteuerung entschließen, insbesondere im Hinblick darauf, daß in Teilen des Handwerks das Ausstellen und Verbuchen von Ausgangsrechnungen nicht üblich ist. Der Zulässigkeit der Wahl der Versteuerungsmethode dürfte nichts im Wege stehen.

Bei Anwendung der i n d i r e k t e n Methode der Nettoumsatzsteuer ist bei d o p p e l t e r B u c h f ü h r u n g ebenfalls die Sollversteuerung leichter als die Istversteuerung zu handhaben, da auch hier wie bei der direkten Methode die Feststellung der Besteuerungsgrundlagen in einem Zuge mit der Verbuchung der Ein- und Ausgangsrechnungen erfolgen kann. Bei Istversteuerung ergibt sich dagegen die Notwendigkeit, anläßlich der Vereinnahmung von Entgelten und Bezahlung von Rechnungen gesondert unter Rückgriff auf Aus- und Eingangsrechnungen die steuerpflichtigen Umsätze und abzugsfähigen Vorumsätze zu ermitteln. Bei Vorliegen e i n f a c h e r Buchführung oder E i n n a h m e n - A u s g a b e n r e c h n u n g kann Sollversteuerung auch bei der indirekten Methode nicht ohne Erweiterung der Buchführungsorganisation erfolgen. Bei diesen Systemen ist daher die Istversteuerung für den Handwerker zweckmäßig und müßte auch im Hinblick darauf, daß Sollumsätze wegen Fehlens von Ausgangsrechnungen in verschiedenen Handwerkszweigen nicht festgestellt werden können, vom Gesetzgeber zugestanden werden. Auch in den vielen handwerklichen Kleinbetrieben ist dann eine zuverlässige Feststellung der Besteuerungsgrundlagen ohne Überforderung der Buchführungskenntnisse und ohne sonderliche Erweiterung des regelmäßig gegebenen Buchführungsumfanges und des Belegwesens möglich.

Wenn man nach Beurteilung der praktischen Handhabung der Soll- und Istversteuerung innerhalb der direkten und der indirekten Methode der Nettoumsatzsteuer diese beiden Möglichkeiten selbst daraufhin betrachtet, welche im Handwerk bei ihrer Anwendung die geringeren Schwierigkeiten bereitet, dann muß die indirekte Methode um ein geringes günstiger beurteilt werden. Hinsichtlich der Ermittlung des Bruttoumsatzes ergeben sich bei den Methoden keine Unterschiede. Die Vorsteuer kann aber sicherlich leichter ermittelt werden als der abzugsfähige Vorumsatz. Denn für die Feststellung des Vorumsatzes ist bei jedem Posten eine Entscheidung darüber zu treffen, ob Abzugsfähigkeit gegeben ist, während die Vorsteuer ohne weiteres aus den Rechnungen der Lieferanten entnommen werden kann. Auch die aufgezeigte Möglichkeit der kontomäßigen Erfassung der Vorsteuer innerhalb des Buchführungssystems muß als Vorzug der indirekten Methode betrachtet werden. Bei der indirekten Methode ergibt sich gegenüber der Bruttoumsatzsteuer als Neuerung nur, daß bei Sollversteuerung ein Anteil der Eingangsrechnungen, nämlich die Vorsteuer, gesondert zu verbuchen und bei Istversteuerung ebenfalls die Vorsteuer gesondert von dem Gesamtbetrag der Zahlungen für Eingangsrechnungen zu erfassen ist.

Die Gefahr, daß sich der erwähnte Nachteil des offenen Ausweises der Vorsteuer in den Rechnungen bei dem in der Regel nicht sehr starken Glied, das das Handwerk in der Produktions- und Handelskette darstellt, besonders zeigt, ist gegeben. Soweit das Handwerk allerdings Konsumenten beliefert, denen die Vorsteuer in der Rechnung nicht gesondert ausgewiesen wird, besteht diese Gefahr nicht in so großem Maße.

Für die Kalkulation der Nettoumsatzsteuer ergeben sich weder bei der direkten noch bei der indirekten Methode noch bei Soll- und Istversteuerung innerhalb beider Methoden Unterschiede.

IV. Die Höhe eines Nettoumsatzsteuersatzes im Handwerk

1. Methoden für die Ermittlung eines Nettoumsatzsteuersatzes

Bei Überlegungen über die Höhe eines Nettoumsatzsteuersatzes ist — wie schon erwähnt — gegenwärtig davon auszugehen, daß das Umsatzsteuer-Aufkommen durch die Änderung des Steuersystems nicht absinken darf. Die Umsatzsteuer erbrachte im Rechnungsjahr 1954/55 9,958 Milliarden DM, das sind rd. 31 %/0 der gesamten Steuereinnahmen des Bundes; sie ist — für 1955/56 mit 10,625 Milliarden DM veranschlagt — zum größten Posten der Einnahmenseite des Haushaltsplanes der Bundesrepublik geworden. Wenn es deshalb einerseits erforderlich ist, daß der Steuersatz nicht zu niedrig festgesetzt wird, ist andererseits dafür Sorge zu tragen, daß er nicht zu hoch gegriffen wird, um evtl. Anpassungsschwierigkeiten, die bei einer Änderung des Umsatzsteuer-Systems auftreten, von dieser Seite her nicht unnötig zu verstärken. Es ist also erforderlich, einen Steuersatz zu finden, der unter Berücksichtigung der geänderten Bemessungsgrundlagen ein gegenüber dem jetzigen System unverändertes Aufkommen gewährleistet. Abgesehen von einer evtl. notwendigen besonderen Behandlung der Umsätze der Urproduktion und der reinen Dienstleistungsbetriebe muß es das Ziel sein, nur e i n e n Steuersatz zur Anwendung zu bringen. Es ergeben sich dann aus der Tatsache, daß der in jedem Wirtschaftszweig und den einzelnen Betrieben unterschiedliche Nettoumsatz die Grundlage für die Besteuerung abgibt, neue Umsatzsteuer-„Belastungen" für die einzelnen Wirtschaftszweige und Betriebe, richtiger gesagt, neue absolute und relative Steuerbeträge, die auf die Abnehmer überwälzt werden müssen.

a) Ermittlung an Hand der kumulativen Umsatzsteuerbelastung im gegenwärtigen Umsatzsteuersystem

Der erforderliche Steuersatz kann einmal aus der an einem Stichtag gegebenen kumulativen Umsatzsteuerbelastung aller Sachgüter und Dienstleistungen, die in den Konsum gelangen, errechnet werden. Dazu müßte aus der ermittelten kumulativen Belastung ein Durchschnittssatz gebildet werden, bei dem die unterschiedliche Belastung der einzelnen Güter oder Gütergruppen entsprechend ihrem Anteil am gesamten steuerpflichtigen Umsatz berücksichtigt wird, d. h. es müßte ein gewogener Durchschnittssatz errechnet werden.

Voraussetzung für die Anwendung dieser Methode ist die zuverlässige Berechnung der kumulativen Umsatzsteuerbelastung aller in Betracht kommenden Sachgüter und Dienstleistungen.

Nachdem bereits die komplizierten Verfahren erwähnt worden sind, die für die Ermittlung des Umsatzsteueranteils im Preis zur Anwendung kommen müssen, ist die Frage zu stellen, ob diese Arbeit für die gesamte Wirtschaft durchführbar ist. Wie insbesondere aus dem Iterationsverfahren von Schubert zu ersehen ist, erfordert die Berechnung der Umsatzsteuerbelastung schon der Erzeugnisse eines begrenzten Bereiches eines Wirtschaftszweiges sehr umfangreiche und zeitraubende Untersuchungen. Dieses Verfahren gewährleistet aber auch erst hinreichend genaue Ergebnisse.

Da es bei der Kompliziertheit der Berechnung zusätzlich noch erforderlich ist, daß die Untersuchungen möglichst auf einen Stichtag abgestellt werden, andernfalls könnten sich verschiedenartige Konjunktureinflüsse auf die Steuer-Belastungen der einzelnen Güter auswirken, erscheint die Aufgabe nicht lösbar.

Der theoretisch denkbare Weg, den Nettoumsatzsteuersatz an Hand der gegebenen Umsatzsteuer-Belastung zu errechnen, muß daher an der praktischen Undurchführbarkeit scheitern.

b) **Ermittlung an Hand des Nettoumsatzes**

Der Nettoumsatzsteuersatz kann weiterhin an Hand des Nettoumsatzes der Wirtschaft errechnet werden. Dazu muß der Nettoumsatz, d. h. die Differenz zwischen Bruttoumsatz und Vorumsatz, zu dem erforderlichen Steueraufkommen in's Verhältnis gesetzt werden. Bei einem Steuer-Soll von 10 Milliarden und einem Nettoumsatz von 80 Milliarden ist zum Beispiel ein Steuersatz von 12,5 % erforderlich.

Neben dem aus früheren Ausführungen hinsichtlich seines Umfangs und seiner Ermittlung bereits bekannten Nettoumsatz könnte für die Berechnung des Steuersatzes auch die Wertschöpfung zugrunde gelegt werden. Ähnlich wie der Nettoumsatz kann auch die Wertschöpfung auf additivem oder subtraktivem Wege ermittelt werden. Bei der Berechnung nach dieser Methode muß ausgegangen werden von dem Bruttoproduktionswert. Der Begriff des Bruttoproduktionswertes ist jedoch weiter als der des Bruttoumsatzes, da in ersterem neben dem Bruttoumsatz — identisch mit dem Bruttoumsatz bei Sollversteuerung in der Umsatzsteuer — noch die Vermehrung oder Verminderung des Bestandes an Waren, fertigen und halbfertigen Produkten sowie der Wert der im eigenen Betrieb erstellten Anlagen berücksichtigt werden. Daher ist auch die daraus ermittelte Wertschöpfung größer als der Nettoumsatz im Sinne des vorgeschlagenen Nettoumsatzsteuersystems. Der aus dem Verhältnis von Umsatzsteuer-Soll und Wertschöpfung errechnete Steuersatz würde demnach zu niedrig sein, und seine Anwendung auf den Nettoumsatz würde ein zu geringes Aufkommen erbringen. Zwar könnte der aus der Wertschöpfung ermittelte Steuersatz zur Korrektur durch entsprechende Zuschläge erhöht werden, man würde aber damit in die Rechnung einen Unsicherheitsfaktor hineinbringen. Die Wertschöpfung wird daher zweckmäßigerweise nicht für die Berechnung des Nettoumsatzsteuersatzes herangezogen, obwohl auf Grund der Kostenstrukturerhebung, die im Rahmen der Volkszählung von 1950 durchgeführt worden ist, Material über ihre Höhe vorliegt.

Für die Berechnung des Nettoumsatzsteuersatzes an Hand des Nettoumsatzes im Sinne des Gesetzentwurfs des Finanzwissenschaftlichen Forschungsinstituts liegt Zahlenmaterial über zwei Komponenten, nämlich über den steuerlichen Bruttoumsatz und über das Steueraufkommen aus den Umsatzsteuerstatistiken vor, und zwar sowohl für die Gesamtwirtschaft als auch für eine Reihe von Wirtschaftszweigen. Ebenso ist für eine Reihe von Wirtschaftszweigen die Summe der abzugsfähigen Vorumsätze ermittelt worden oder doch relativ leicht zu ermitteln. Für das Jahr 1949 können die Vorumsätze aus der Kostenstrukturerhebung von 1950 ziemlich genau entnommen werden. Die Nettoumsätze der Industrie sind durch eine Zusatzerhebung zu einem Industriebericht festgestellt worden. Weiterhin hat das Ifo-Institut für das Jahr 1952 die Nettoumsätze für alle Wirtschaftszweige aus den Zahlen der Industrieberichterstattung und mit Hilfe von Indices aus älteren Kostenstrukturerhebungen berechnet[44]. Schließlich hat der Zentralverband des deutschen Handwerks in einer repräsentativen Erhebung für das Handwerk die Bruttoumsätze, die im Sinne des erwähnten Gesetzentwurfs bei der Nettoumsatzsteuer abzugsfähigen Vorumsätze und das Umsatzsteuersoll erfragt.

Für die Berechnung des im Rahmen eines Nettoumsatzsteuersystems erforderlichen Steuersatzes ist daher die Ermittlung unter Zugrundelegung des Nettoumsatzes günstig zu beurteilen. Denn die für die Berechnung des Nettoumsatzes erforderlichen Unterlagen liegen zum überwiegenden Teil vor oder können restlich durch relativ einfache Erhebungen festgestellt werden.

2. Berechnungen des Nettoumsatzsteuersatzes

Im Verlauf der vergangenen Jahre sind von mehreren Institutionen und von Wissenschaftlern Berechnungen darüber angestellt worden, wie hoch der im Rahmen eines Nettoumsatzsteuersystems erforderliche Steuersatz sein muß.

---

[44] Ifo-Institut für Wirtschaftsforschung: a.a.O., S. 79 ff.

a) Für die gesamte Wirtschaft der Bundesrepublik durchgeführte Berechnungen

Ritschl hat einen Steuersatz aus dem umsatzsteuerpflichtigen Sozialprodukt und dem Umsatzsteuer-Soll-Ertrag des Rechnungsjahres 1952/53 berechnet[45]. Das umsatzsteuerpflichtige Sozialprodukt ist dabei für 1952/53 mit 70 Milliarden DM angesetzt worden, wobei die Wertschöpfung der Landwirtschaft nur mit 50 % und die Dienstleistungen mit 40 % als steuerpflichtig betrachtet worden sind. Der voraussichtliche Umsatzsteuer-Soll-Ertrag ist mit 7838,6 Milliarden DM berechnet worden. Da Ritschl in seinem Steuerreformvorschlag für eine Erhöhung der Umsatzsteuer um 50 % und eine Senkung der Einkommensteuer um 50 % eintritt, hat er das geschätzte Umsatzsteueraufkommen für 1952/53 um 50 % auf 11 757,9 Milliarden DM erhöht und kommt daher aus der Gegenüberstellung von umsatzsteuerpflichtigem Sozialprodukt und Umsatzsteuer-Soll

$$\left(\frac{\text{Steuersoll} \times 100}{\text{ust.-pfl. Soz.-Prod.}} \right)$$

zu einem Steuersatz von 16,7 %. Da in der vorliegenden Arbeit von einem Umsatzsteueraufkommen ausgegangen wird, das durch die Einführung einer Nettoumsatzsteuer nicht verändert wird, kann zu dem von Ritschl errechneten steuerpflichtigen Sozialprodukt das Steuersoll von 7838,6 Milliarden DM in Relation gebracht werden. Man kommt dann zu einem Steuersatz von 11,18 %.

Raabe berechnet für das Rechnungsjahr 1949/50 die wahrscheinliche Bemessungsgrundlage für die Nettoumsatzsteuer aus dem Volkseinkommen, indem er von der Wertschöpfung der einzelnen Wirtschaftsbereiche für die von der Steuer nicht erfaßten oder erfaßbaren Teile Abschläge vornimmt und die so ermittelte Zahl in Relation zu dem Umsatzsteueraufkommen von 1949 bringt[46].

---

[45] *Ritschl*, Hans: Die große Steuerreform, Hamburg 1953, S. 56.
[46] *Raabe*, Karl-Heinz: a.a.O., S. 60 ff.

Raabe kommt dabei zu folgendem Ergebnis:

Sektor	Wertschöpfung	Abzug für nicht erfaßte bzw. nicht erfaßbare Teile	Wahrscheinliche Bemessungsgrundlage für Nettoumsatzsteuer
	in Milliarden DM		
Land- und Forstwirtschaft	8,0	3,0	5,0
Industrie	29,4	1,4	28,0
Handwerk	6,2	0,7	5,5
Einzelhandel	2,7	0,5	2,2
Großhandel	2,9	0,2	2,7
Gaststätten, Hotel	0,8	0,1	0,7
Verkehr	5,6	5,6	—
Banken	0,7	0,7	—
Versicherungen	0,3	0,3	—
Wohnungswirtschaft	1,1	1,1	—
Öffentliche Verwaltung	6,1	6,1	—
Freie Berufe	0,8	0,2	0,6
Dienste für Besatzung, Sonstige Dienste und Private Haushalte	2,3	2,3	—
	66,9		44,7

Das Umsatzsteueraufkommen betrug im Jahre 1949/50 rund 4,0 Milliarden DM. Daraus und aus der wahrscheinlichen Bemessungsgrundlage für die Nettoumsatzsteuer errechnet sich für die gesamte Wirtschaft ein Steuersatz von rund 9 %.

Bei der Berechnung des Ifo - Instituts für Wirtschaftsforschung ist zu beachten, daß der Nettoumsatz lediglich als Bruttoumsatz abzüglich Vorumsätze für zum Weiterverkauf bestimmte Waren bzw. für zur Produktion verwendete Materialien, Hilfs- und Betriebsstoffe (einschließlich Energie) verstanden worden ist[47]. Der so definierte Nettoumsatz ist in der Berechnung mit 133 Milliarden DM und das Umsatzsteueraufkommen mit 8,187 Milliarden DM angesetzt worden. Daraus ist ein Steuersatz von 6,16 % errechnet worden, und zwar für alle Wirtschaftszweige der Bundesrepublik geltend.

Unter Annahme einer im Rahmen der Nettoumsatzsteuer erfolgten Steuerbefreiung für die Umsätze des Verkehrsgewerbes, des Geld-, Bank-, Börsen- und Versicherungswesens und der Energiewirtschaft, die im Jahre 1952 wegen der für sie geltenden Befreiungsvorschriften nur mit 1,3 % am Umsatzsteueraufkommen beteiligt waren, ermittelte das Ifo-Institut einen Steuersatz von 6,75 %.

Bei einer weiteren Berechnung ist zusätzlich noch die Befreiung von Lieferungen der Land- und Forstwirtschaft angenommen. Danach ergab sich unter im übrigen gleichen Umständen ein Steuersatz von 7,65 %.

---

[47] Ifo-Institut für Wirtschaftsforschung: a.a.O., S. 79.

Die Unterschiede in der Höhe der errechneten Steuersätze, 11,2 %, 9 %, 6,16 %, 6,75 % und 7,65 % sind bedeutend. Dabei muß man berücksichtigen, daß bei ihrer Ermittlung teilweise von nur grob gegriffenen und unsicheren Berechnungsgrundlagen sowie von völlig verschiedenen Voraussetzungen ausgegangen worden ist, die auch mit dem für die vorliegende Untersuchung zugrunde gelegten Gesetzentwurf für die Nettoumsatzsteuer nicht übereinstimmen.

So beträgt das tatsächliche Umsatzsteueraufkommen im Rechnungsjahr 1952/53 nicht, wie von Ritschl geschätzt, 7,838,6 Milliarden DM, sondern 8,422 Milliarden DM. Dadurch würde sich der in Anlehnung an Ritschl errechnete Steuersatz statt auf 11,2 % auf rund 12 % stellen. Bei der Berechnung von Raabe sind die Abzüge von der Wertschöpfung für „nicht erfaßte bzw. erfaßbare Teile" in einigen ausschlaggebenden Sektoren nur gegriffen und hinsichtlich ihrer Höhe nicht nachweisbar. Endlich sind die vom Ifo-Institut errechneten Sätze mit den von Ritschl und Raabe errechneten nicht vergleichbar, weil dabei von einem anders definierten Nettoumsatz, der aus einem nur beschränkten Abzug von Vorumsätzen resultiert, ausgegangen worden ist.

Mit den bisher angewandten Berechnungsmethoden ist man also offensichtlich noch nicht zu Ergebnissen gelangt, die auch nur annähernd übereinstimmen und zur Beurteilung über die Höhe des Steuersatzes und die Auswirkungen einer Nettoumsatzsteuer herangezogen werden könnten. Es muß daher zweckmäßig erscheinen, die Berechnungen zunächst auf kleinere Einheiten der Wirtschaft abzustellen und sie nur auf die einzelnen Wirtschaftszweige der Volkswirtschaft zu beschränken. Wenn der unter den bekannten Voraussetzungen errechnete Nettoumsatz zu dem Umsatzsteueraufkommen der Wirtschaftszweige in Relation gebracht wird, läßt sich zuverlässig für die einzelnen Wirtschaftsbereiche der erforderliche Steuersatz ermitteln. Die so berechneten Steuersätze könnten unter Berücksichtigung der Umsatzanteile der einzelnen Bereiche zu dem für die Gesamtwirtschaft anzuwendenden Steuersatz koordiniert werden. Darüberhinaus könnten die für die einzelnen Wirtschaftszweige ermittelten Unterlagen Aufschluß über die rechnerischen Auswirkungen der Nettoumsatzsteuer in jedem Wirtschaftszweig geben, wenn später von maßgeblicher Seite unter Hinzuziehung hinreichender statistischer Unterlagen und der erforderlichen technischen Hilfsmittel ein Steuersatz für die gesamte Wirtschaft ermittelt würde. Liegt nämlich der für die gesamte Wirtschaft errechnete Steuersatz unter oder über dem für einen bestimmten Wirtschaftszweig ermittelten, so ist sogleich festzustellen, daß sich die „Belastung" des Wirtschaftszweiges, besser, der von ihm insgesamt zu überwälzende Umsatzsteuerbetrag, senken oder erhöhen wird.

b) Besondere Berechnung für das Handwerk auf Grund einer Erhebung

Die Auswertung der bereits erwähnten Erhebung des Zentralverbandes des deutschen Handwerks kann Aufschluß darüber geben, wie hoch sich der Steuersatz in einem Nettoumsatzsteuersystem nach den Gegebenheiten im Handwerk stellen muß und wie sich eine Nettoumsatzsteuer im Handwerk auswirken wird.

b a) Grundlagen der Erhebung

Zur Erfragung der erforderlichen Unterlagen wurden über die Zentralfachverbände des Handwerks Fragebogen in der folgenden Form versandt.

Berechnungsgrundlagen für eine Steuer vom Nettoumsatz

Grundlagen
Handwerkszweig ....
Groß-, Mittel- oder Kleinbetrieb ....
Exportumsatz in v.H. des Gesamtumsatzes ....

1. Angaben zum Jahresumsatz 1952
   a) Nichtsteuerbarer Umsatz (z. B. Umsätze, die nicht unter das UStG fallen, wie z. B. Umsätze im Ausland) .... DM ....
   b) Steuerbarer, aber steuerfreier Umsatz (siehe § 4 UStG) .... DM ....
   c) Steuerpflichtiger Umsatz .... DM ....

   Gesamter Jahresumsatz 1952 (Summe 1) ...... DM ....

2. Abzugsfähige Positionen im Kalenderjahr 1952 bzw. dem entsprechenden Wirtschaftsjahr
   a) Im Kalenderjahr gezahlte Umsatzsteuer DM ....
   b) Sämtliche beim Vorlieferanten bereits umsatzversteuerte Zulieferungen und Leistungen (Vorumsätze)
   hierher gehören insbesondere:
   Rohstoffe, Halbwaren, Lohnveredelung, gegebenenfalls Fertigwaren, Hilfs- und Betriebsstoffe, Energie (wie z. B. Kohle, Koks, Gas, Elektrizität, Wasser, Preßluft u. ä), soweit sie fremdbezogen ist, Werkzeuge und Reserveteile, soweit sie nicht im Unternehmen selbst erstellt wurden, Reparaturen durch Fremde, Lizenzgebühren, Mieten für gewerbliche Einrichtungen (Arbeits-, Kraft- und Büromaschinen) .... DM ....
   c) Absetzung für Abnutzung des Anlagevermögens nach § 7 EStG .... DM ....

   DM ....

d) Allgemeine s a c h l i c h e Verwaltungs- und Vertriebskosten, soweit sie nach geltendem Recht beim Vorlieferanten bereits von der Umsatz-, Beförderungs- oder Versicherungssteuer erfaßt sind hierzu gehören insbesondere:
Büromaterial, Büro- und Geschäftsausstattung, Reisekosten, Repräsentationskosten, Notariats- und Anwaltskosten, Zeitungen, Zeitschriften, Bücher, Werksverkehr durch Fremde, Sachversicherungen, Sachverständigenhonorare, Steuerberatungs- und Wirtschaftsprüfungskosten, Kosten für Reklame und Werbung, Frachten, Transportversicherungen, Verpackungsmaterial u. ä. ...... DM ....

e) F r e m d k a p i t a l z i n s e n .... DM ....

Summe d. abzugsf. Positionen (S u m m e 2) .... DM ....

3. Die Umsatzsteuerschuld des zugrundegelegten Kalender- bzw. Wirtschaftsjahres .... DM ....
abzüglich Ausfuhrvergütungen bzw. Ausfuhrhändlervergütung (nur bei Betrieben, die für Export geliefert haben) ..../. DM ....

DM ....

4. Ermittlung des Wertzuwachses (Nettoumsatzes)
Gesamter steuerpflichtiger Umsatz (Summe Ziff. 1) .. DM ....
abzüglich Summe der abzugsfähigen Positionen (Summe Ziff. 2) .... DM ....

Ergibt W e r t z u w a c h s (Nettoumsatz) .... DM ....

5. Ermittlung der Verhältniswerte
a) Wertzuwachs (Nettoumsatz) in v.H. der Umsatzsteuerschuld .... %
b) Umsatzsteuerschuld in v.H. des Wertzuwachses (Nettoumsatzes) .... %

Erfragt wurden danach neben den nicht steuerbaren, steuerbefreiten und steuerpflichtigen Umsätzen die im Sinne des erwähnten Gesetzentwurfs abzugsfähigen Vorumsätze und das Steuersoll für das Jahr 1952.

Die Erhebung wurde, wie bei der Zahl von weit über 800 000 Betrieben nicht anders möglich, repräsentativ durchgeführt. Bei der Befragung ist auf Betriebe mit bekannterweise ordnungsmäßigen Aufzeichnungen zurückgegriffen worden, ferner auf typische normale Betriebe in den am stärksten besetzten Größenklassen. Die Betriebe, deren Angaben für die Auswertung herangezogen werden konnten, repräsentieren rund 0,6 % des gesamten Handwerksumsatzes des Jahres 1952.

b b) Nettoumsatz, Nettoquote, Formungskoeffizient

Aus den bei der Umfrage gewonnenen Zahlen ist der **Nettoumsatz** aus dem im Sinne des gegenwärtigen Umsatzsteuersystems steuerpflichtigen Bruttoumsatz und den nach dem erwähnten Gesetzentwurf abzugsfähigen Vorumsätzen ermittelt worden. Wichtig ist, daß dabei die Vorumsätze, die zu Investitionen geführt haben, nur in Höhe der jährlichen Abschreibungsquoten nach § 7 Einkommensteuergesetz als abzugsfähig behandelt worden sind. Als abzugsfähig ist auch die im Jahre 1952 gezahlte Umsatzsteuer betrachtet worden. Es ist also ein Umsatzsteuersystem zugrunde gelegt worden, bei dem die Kumalativwirkung der Umsatzsteuer auch insoweit ausgeschaltet wird.

Weiterhin ist die **Nettoquote** berechnet worden, und zwar aus dem Verhältnis von Bruttoumsatz und Nettoumsatz

$$\left(\frac{\text{Nettoumsatz} \times 100}{\text{Bruttoumsatz}} \right).$$

Sie drückt den Anteil des Nettoumsatzes am Bruttoumsatz in Prozent aus.

Ferner wurde der eingangs bereits definierte **Formungskoeffizient** ermittelt, der ebenfalls für die Beurteilung der Auswirkungen einer Nettoumsatzsteuer herangezogen wird.

b c) Ergebnis und Auswertung

Die Ergebnisse der Auswertung der Erhebung sind aus der folgenden zusammenfassenden Übersicht zu ersehen.

Tabelle 1

Ergebnis der Erhebung des Zentralverbandes des Deutschen Handwerks

Handwerkszweig	1 Umsatz DM	2 Summe der abzugsfähigen Positionen DM	3 Netto-Umsatz DM	4 USt-Schuld DM	5 USt-Schuld i.v.H. des Nettoumsatzes (Sp. 4 x 100) (Sp. 3) von bis	6 Durchschn.	7 Formungskoeffizient (Sp.3×100) (Sp. 2) i.v.H.	8 Nettoquote (Sp.3×100) (Sp. 1) i.v.H.
Gruppe I: Bauhandwerke Hoch- und Tiefbauer (Bauhauptgewerbe)								
Straßenbauer	25 288 103.—	14 201 545.—	11 086 558.—	925 117.—	4.3—11.5	8.3	78.1	43.8
Stukkateure	6 963 119.—	3 644 765.—	3 318 354.—	246 477.—	4.6— 9.3	7.4	91.0	47.7
Zimmerer	2 417 259.—	794 246.—	1 623 013.—	96 689.—	5.5— 6.4	6.0	204.3	67.1
Maler	4 922 422.—	2 874 911.—	2 047 511.—	187 449.—	6.5—15.4	9.1	71.2	41.5
Elektroinstallateure	3 223 978.—	1 131 019.—	2 092 959.—	125 652.—	4.9— 7.1	6.0	185.1	64.9
Schornsteinfeger	4 056 576.—	2 574 417.—	1 482 159.—	129 800.—	9.7—12.5	8.7	57.5	36.5
	179 297.—	45 581.—	133 716.—	7 179.—	4.6— 6.0	5.3	293.3	74.5
insgesamt:	47 050 754.—	25 266 484.—	21 784 270.—	1 718 363.—	4.3—15.4	7.8	86.2	46.2
Gruppe II: Nahrungsmittelhandwerke								
Bäcker	683 277.—	503 938.—	19 339.—	16 763.—	7.4—18.7	9.3	35.6	26.2
Konditoren	2 165 638.—	1 459 638.—	76 000.—	82 264.—	10.7—15.0	11.7	48.4	32.6
Fleischer	1 377 601.—	1 194 406.—	13 195.—	55 010.—	19.6—38.4	30.0	15.3	13.3
Müller	12 861 419.—	12 171 802.—	69 617.—	172 212.—	13.5—45.6	25.0	5.7	5.4
insgesamt:	17 087 935.—	15 329 784.—	178 151.—	326 249.—	7.4—45.6	18.6	11.5	10.3
Gruppe III: Bekleidungs-, Textil- u. Lederhandwerk								
Schneider	144 726.—	76 096.—	68 630.—	5 761.—		8.4	90.2	47.4
Damenschneider	336 230.—	190 142.—	146 088.—	19 251.—	5.5—18.6	13.1	76.8	43.4
Sattler, Tapezierer, Polsterer- u. Dekorateurhandwerk	474 881.—	324 411.—	150 470.—	18 966.—	7.6—55.5	12.6	46.4	31.7
insgesamt:	955 837.—	590 649.—	365 188.—	43 978.—	5.5—55.5	12.0	61.8	38.2

Berechnungen des Nettoumsatzsteuersatzes

	1	2	3	4	5	6	7	8
Handwerkszweig	Umsatz	Summe der abzugsfähigen Positionen	Netto-Umsatz	USt-Schuld	USt-Schuld i.v.H. des Nettoumsatzes (Sp. 4 x 100) (Sp. 3)	USt-Schuld i.v.H.	Formungskoeffizient (Sp.3x100) (Sp. 2)	Nettoquote (Sp.3x100) (Sp. 1)
	DM	DM	DM	DM	von bis	Durchschn.	i.v.H.	i.v.H.
Gruppe IV: Eisen- u. metallverarbeitendes Handwerk								
Schmiede	1 012 774.—	527 212.—	485 562.—	40 523.—	4.5 —13.6	8.3	92.1	47.9
Maschinenbauer und Mechaniker	322 349.—	229 933.—	92 416.—	5 890.—	5.8 — 8.3	6.4	40.2	28.7
Kraftfahrzeughandwerk	91 631 328.—	75 366 885.—	16 264 443.—	1 527 124.—	4.9 —18.4	9.4	21.6	17.7
Installateur-, Klempner-, Kupferschmied- und Zentralheizungsbauerhandwerk	3 261 245.—	2 196 778.—	1 064 467.—	122 001.—	9.3 —18.0	11.5	48.5	32.6
Büchsenmacher u. Messerschmiede	418 679.—	293 883.—	124 796.—	15 949.—	9.6 —13.5	12.8	42.5	29.8
Schlosser	1 650 660.—	840 520.—	810 140.—	65 968.—	7.0 — 9.6	8.1	96.3	49.0
insgesamt:	98 297 035.—	79 455 211.—	18 841 824.—	1 777 455.—	4.6 —18.4	9.4	23.7	19.2
Gruppe V: Holzverarbeitendes Handwerk								
Tischler	2 332 934.—	1 327 467.—	1 005 467.—	92 630.—	7.6 —31.0	9.2	75.7	43.1
Karosserie- und Fahrzeugbauer	3 434 791.—	2 214 997.—	1 219 794.—	135 287.—	0.8 —18.7	11.1	55.1	35.5
Böttcher- u. Weinküferhandwerk	1 666 175.—	1 290 469.—	375 706.—	57 742.—	6.95—67.0	15.3	29.1	22.5
Drechsler	120 680.—	60 340.—	60 340.—	4 826.—	6.15— 8.66	7.9	100.0	50.0
Korbmacher	370 280.—	266 040.—	104 240.—	7 462.—	6.2 —15.5	7.1	39.1	28.1
insgesamt:	7 924 860.—	5 159 313.—	2 765 547.—	297 947.—	6.15—67.0	10.7	53.6	34.8
Gruppe VI: Gesundheits- u. Körperpflege, chem.- und Reinigungshandwerk								
Orthopädie- und Chirurgiemechaniker	4 000 617.—	2 235 870.—	1 764 747.—	93 583.—	3.2 —10.2	5.3	78.9	44.1
Friseure	1 070 004.—	484 128.—	585 876.—	42 784.—	5.0 — 9.0	7.3	121.0	54.8
insgesamt:	5 070 621.—	2 719 998.—	2 350 623.—	136 367.—	3.2 —10.2	5.8	86.4	46.3

Die Höhe eines Nettoumsatzsteuersatzes im Handwerk

Handwerkszweig	1 Umsatz DM	2 Summe der abzugsfähigen Positionen DM	3 Netto-Umsatz DM	4 USt-Schuld DM	5 USt-Schuld i.v.H. des Nettoumsatzes $\frac{(Sp. 4 \times 100)}{(Sp. 3)}$ von bis	6 i.v.H. Durchschn.	7 Formungskoeffizient $\frac{(Sp.3 \times 100)}{(Sp. 2)}$ i.v.H.	8 Nettoquote $\frac{(Sp.3 \times 100)}{(Sp. 1)}$ i.v.H.
Gruppe VII: Papierverarbeitende, keramische u. sonst. Handwerke								
Glaser	796 870.—	611 040.—	185 830.—	35 872.—	10.8—32.6	19.3	30.4	23.3
Photographen	322 162.—	89 721.—	232 441.—	12 201.—	4.4—13.1	5.2	259.1	72.1
Steinmetz- u. Bildhauerhandwerk	649 995.—	288 027.—	361 968.—	26 018.—	5.4— 8.0	7.1	125.6	55.6
ingesamt:	1 769 027.—	988 788.—	780 239.—	74 091.—	4.4—32.6	9.4	78.9	44.1
Handwerksgruppen insgesamt								
Gruppe I. Bauhandwerke	47 050 754.—	25 266 484.—	21 784 270.—	1 718 363.—	4.3—15.4	7.8	86.2	46.2
″ II. Nahrungsmittelhandwerke	17 087 935.—	15 329 784.—	1 758 151.—	326 249.—	7.4—45.6	18.6	11.5	10.3
″ III. Bekleidungs-, Textil- und Lederhandwerk	955 837.—	590 649.—	365 188.—	43 978.—	5.5—55.5	12.0	61.8	38.2
″ IV. Eisen- und metallverarbeit. Handwerk	98 297 035.—	79 455 211.—	18 841 824.—	1 777 455.—	4.6—18.4	9.4	23.7	19.2
″ V. Holzverarbeitendes Handwerk	7 924 860.—	5 159 313.—	2 765 547.—	297 947.—	6.15—67.0	10.7	53.6	34.8
″ VI. Gesundheits- und Körperpflege, chem.- und Reinigungshandwerk	5 070 621.—	2 719 998.—	2 350 623.—	136 367.—	3.2—10.2	5.8	86.4	46.3
″ VII. Papierverarbeitende, keramische und sonstige Handwerke	1 769 027.—	988 788.—	780 239.—	74 091.—	4.4—32.6	9.4	78.9	44.1
	178 156 069.—	129 510 227.—	48 645 842.—	4 374 450.—	3.2—67.0	8.99	37.5	27.3

Die Übersicht läßt die Strukturunterschiede in den Handwerksgruppen und Handwerkszweigen deutlich erkennen.

Aus der Spalte 5 ist zu entnehmen, daß der Prozentsatz, der sich aus dem Verhältnis von Umsatzsteuerschuld zu den Nettoumsätzen ergibt, in den einzelnen Betrieben derselben Handwerkszweige zum Teil stark schwankt. Dieses Ergebnis ist besonders von dem unterschiedlichen Materialeinsatz beeinflußt. Wegen der strukturellen Unterschiede selbst in den Betrieben desselben Handwerkszweiges stellen die in den Spalten 6, 7 und 8 errechneten Zahlen auch nur durchschnittliche Werte aus den für die Handwerkszweige und Handwerksgruppen erfragten Angaben dar, was bei sämtlichen Schlußfolgerungen aus diesen Ergebnissen zu beachten ist.

Nach der Zusammenfassung der Ergebnisse aus den Handwerksgruppen ergibt sich für die repräsentativen Betriebe ein Nettoumsatz von rund 48 645 800,— DM und ein Steuersoll von rund 4 374 400,— DM. Das Steuersoll beträgt danach knapp 9 % des Nettoumsatzes, d. h. bei Einführung einer Nettoumsatzsteuer in dem bei der Befragung angenommenen Sinne würde ein Steuersatz von rund 9 % genügen, um bei den b e f r a g t e n Betrieben ein gegenüber dem jetzigen System unverändertes Steueraufkommen zu gewährleisten.

Dieses Ergebnis zeigt jedoch noch nicht den für das G e s a m t handwerk erforderlichen Steuersatz auf. Bei d i e s e r Berechnung sind nämlich die Handwerksgruppen nicht mit dem gleichen Verhältnis am Umsatz berücksichtigt, mit dem sie am ermittelten Gesamtjahresumsatz des Handwerks beteiligt waren. Dadurch können sich bei der Berechnung die Ergebnisse von Handwerksgruppen mit niedrigen Formungskoeffizienten und andererseits von Gruppen mit hohen Formungskoeffizienten zu stark oder zu schwach auf den Steuersatz von 9 % auswirken. Die Nettoumsätze und Steuer-Soll-Beträge, wie sie sich aus der Zusammenfassung in Tabelle 1 für die Handwerksgruppen ergeben, sind daher unter der Annahme eines proportionalen An- oder Absteigens auf den tatsächlichen prozentualen Anteil, den die sieben Handwerksgruppen am gesamten Handwerksumsatz hatten, fortgeschrieben worden. Für das Jahr 1952, das für die Befragung zugrunde gelegt worden war, liegt die Aufteilung des Gesamtumsatzes auf die sieben Handwerksgruppen in Prozent des Gesamtumsatzes nicht vor. Deshalb mußte auf die entsprechenden Zahlen für das Jahr 1954 zurückgegriffen werden, für das erstmalig seit der Handwerkszählung von 1949 wieder der Anteil der Handwerksgruppen am Gesamtumsatz ermittelt worden ist.

Dadurch kann sich bei der Berechnung eine Ungenauigkeit wegen der Veränderung der Nettoquoten seit 1952 ergeben. Und zwar dürfte eine schwache Verringerung der Nettoquoten, die durch die in vielen Handwerkszweigen festgestellte verstärkte Mechanisierung hervorgerufen wird, nicht berücksichtigt sein.

Wie die folgende Aufstellung zeigt, haben sich die Anteile der einzelnen Handwerksgruppen am Gesamtumsatz des Handwerks von 1949 bis 1954 nur unwesentlich verschoben. Deshalb konnte eine Fortschreibung der für 1952 aus der Erhebung ermittelten Zahlen für Nettoumsatz und Steueraufkommen auf die Umsatzanteile der Handwerksgruppen im Jahre 1954 vorgenommen werden, ohne daß dadurch wesentliche Ungenauigkeiten in die Rechnung hineingetragen wurden.

Handwerksgruppe	Anteil am Gesamtumsatz des Handwerks	
	1949[48] %	1954[49] %
I Bauhandwerke	28,1	31,0
II Nahrungsmittelhandwerke	27,9	26,8
III Bekleidungs-, Textil- und Lederhandwerk	11,0	8,4
IV Eisen- und metallverarbeitendes Handwerk	19,4	20,8
V Holzverarbeitendes Handwerk	8,4	8,9
VI Gesundheits- und Körperpflege, chem. und Reinigungshandwerke	3,7	2,9
VII Papierverarbeitende, keramische und sonstige Handwerke	1,5	1,2
	100,0	100,0

Für 1954 lag der Umsatz der Gruppen VI und VII nur in e i n e m Betrag ohne Aufteilung auf die beiden Gruppen vor. Für obige Aufstellung ist daher der Umsatz nach dem Verhältnis, das 1949 gegeben war, aufgeteilt worden.

Die Fortschreibung der aus der Erhebung gewonnenen Unterlagen zeigt folgendes Ergebnis:

Tabelle 2

Handwerksgruppe	1 Nettoumsatz lt. Erhebung in DM 1000	2 USt-Schuld lt. Erhebung in DM 1000	3 Anteil Bruttoumsatz lt. Erhebung %	4 1954 %	5 Nettoumsatz Nach Fortschreibung auf Anteil 1954 in DM 1000	6 USt-Schuld Nach Fortschreibung auf Anteil 1954 in DM 1000
I	21 784	1 718	26,4	31,0	25 579	2 017
II	1 758	326	9,6	26,8	4 907	909
III	365	43	0,5	8,4	6 132	722
IV	18 841	1 777	55,2	20,8	7 099	669
V	2 765	297	4,4	8,9	5 592	600
VI	2 350	136	2,9	2,9	2 350	136
VII	780	74	1,0	1,2	940	88
Gesamthandwerk	48 643	4 371	100,0	100,0	52 599	5 141

---

[48] Statistisches Bundesamt: a.a.O., S. 32   [49] *Schünemann*, Wilhelm: a.a.O.

Zur Fortschreibung durchgeführte Rechnung:

$$\frac{\text{Spalte 1} \times \text{Spalte 4}}{\text{Spalte 3}}$$

$$\frac{\text{Spalte 2} \times \text{Spalte 4}}{\text{Spalte 3}}$$

Aus dem Verhältnis des fortgeschriebenen Nettoumsatzes von 52 599 000,— DM, in dem unter den dargelegten Voraussetzungen die unterschiedlichen Nettoquoten der einzelnen Handwerksgruppen im erforderlichen Verhältnis zum Ausdruck kommen, zu der entsprechend auf 5 141 000,— DM fortgeschriebenen Umsatzsteuerschuld ergibt sich, daß die Umsatzsteuerschuld 9,7 % des Nettoumsatzes ausmacht.

Der Prozentsatz von 9,7 stellt nun den Steuersatz dar, der nach den Ermittlungen auf der Grundlage der repräsentativen Erhebung für das G e s a m t handwerk im Rahmen eines Nettoumsatzsteuer-Systems, dessen Realisierung bei dieser Untersuchung zugrunde gelegt worden ist, zur Anwendung kommen müßte, um ein gegenüber dem bisherigen System unverändertes Aufkommen an Umsatzsteuer zu gewährleisten.

Die gemäß Tabelle 1 für die befragten Betriebe insgesamt berechnete Nettoquote von 27,3 % bedarf aus dem gleichen Grund, der für die Notwendigkeit der Korrektur des für die befragten Betriebe ermittelten Steuersatzes von 9 % angeführt worden ist, noch einer Berichtigung. Denn erst wenn die für die einzelnen Handwerksgruppen ermittelten Nettoquoten in dem Gesamt-Brutto- und Gesamt-Netto-Umsatz in d e m Verhältnis zum Ausdruck kommen, mit dem die Handwerksgruppen am Gesamtumsatz beteiligt waren, ergibt sich die für das gesamte Handwerk repräsentative Nettoquote.

Aus diesem Grunde sind — ähnlich wie in Tabelle 2 — die für die Handwerksgruppen ermittelten Bruttoumsätze, abzugsfähigen Vorumsätze und Nettoumsätze wie folgt auf die Prozentsätze fortgeschrieben worden, mit denen die einzelnen Handwerksgruppen am Bruttoumsatz des Jahres 1954 beteiligt waren.

Die Höhe eines Nettoumsatzsteuersatzes im Handwerk

Tabelle 3

Handwerksgruppe	1 Bruttoumsatz	2 abzugsfähige Vorumsätze	3 Nettoumsatz	4 Anteil am Bruttoumsatz in Erhebung 1954	5	6 Bruttoumsatz	7 abzugsfähige Vorumsätze	8 Nettoumsatz
	Laut Erhebung in DM 1000			%	%	Nach Fortschreibung in DM 1000		
I	47 050	25 266	21 784	26,4	31,0	55 242	29 663	25 579
II	17 087	15 329	1 758	9,6	26,8	47 677	42 770	4 907
III	955	590	365	0,5	8,4	16 044	9 912	6 132
IV	98 297	79 455	18 842	55,2	20,8	39 661	32 562	7 099
V	7 924	5 159	2 765	4,4	8,9	16 028	10 436	5 592
VI	5 070	2 719	2 351	2,9	2,9	5 070	2 720	2 350
VII	1 769	988	781	1,0	1,2	2 122	1 182	940
Gesamthandwerk	178 152	129 506	48 646	100,0	100,0	181 844	129 245	52 599

Zur Fortschreibung durchgeführte Rechnung:

$$\frac{\text{Spalte 1} \times \text{Spalte 5}}{\text{Spalte 4}}$$

$$\frac{\text{Spalte 2} \times \text{Spalte 5}}{\text{Spalte 4}}$$

$$\frac{\text{Spalte 3} \times \text{Spalte 5}}{\text{Spalte 4}}$$

Aus dem so berechneten Bruttoumsatz von 181 844 000,— DM und dem Nettoumsatz von 52 599 000,— DM ergibt sich für das gesamte Handwerk eine Nettoquote von 28,9 %.

Bei der Beurteilung der Frage, ob die Ergebnisse der Erhebung laut Tabelle 1 und die darauf basierenden folgenden Berechnungen als repräsentativ anzusehen sind, können die inzwischen veröffentlichten Teilergebnisse der auf Grund des Volkszählungsgesetzes 1950 (BGBl. 1950, S. 335) im Handwerk durchgeführten Kostenstrukturerhebung herangezogen werden[50].

Kosten und Betriebsergebnis stellen sich danach für zwölf Handwerkszweige wie folgt dar:

---

[50] *Schulz*, Reinhold: Die betriebswirtschaftliche Struktur des Handwerks, in: Wirtschaft und Statistik, 1955, Heft 6, S. 294 ff.

Berechnungen des Nettoumsatzsteuersatzes

Tabelle 4

Kosten und Betriebsergebnis 1950 je Unternehmen

Handwerkszweig	Größenklasse nach der Gesamtproduktion (Gesamtleistung) 1950	Gesamtproduktion (Gesamtleistung)	Materialverbrauch a) einschl. fremde Lohnarbeiten	Umgesetzte Handelsware a)	Energie Brenn- und Treibstoffe	Löhne ohne Heimarbeiterlöhne	Heimarbeiterlöhne	Gehälter	Soziale Aufwendungen gesetzliche	Soziale Aufwendungen freiwillige	Steuern, Abgaben, Versicherungsprämien b)	Miete, Mietwert und Pacht	Instandhaltung (ohne Gebäudeinstandhaltung)	Abschreibungen auf Maschinen, maschinelle Anlagen, Werkzeuge, Fahrzeuge u. dgl. c)	Abschreibungen auf Forderungen aus Warenlieferungen und Leistungen	Zinsen für Fremdkapital d)	Sonstige Kosten e)	Kosten insgesamt	Betriebsergebnis insgesamt	darunter: kalkulatorisches Unternehmerteil f)	Umschlagshäufigkeit des Material- u. Warenlagers g)
	1000 DM	DM	vH der Gesamtleistung																		
1	2	3	4	5	6	7	8	9	10	11	12	13	14	15	16	17	18	19	20	21	22
Kraftfahrzeughandwerker o. H.	100 u. mehr	206 331	41,8	1,4	3,0	18,9	—	3,0	2,4	0,1	5,1	2,9	1,2	3,1	0,9	0,3	4,9	88,9	11,1	4,6	6,2
Kraftfahrzeughandwerker m. H.	1000—5000	2 246 818	8,1	71,8	0,7	3,5	—	2,5	0,6	0,2	2,0	0,7	0,4	0,7	0,1	0,3	4,4	96,3	3,7	0,7	12,9
Augenoptiker	100 u. m-hr	198 890	22,1	23,9	1,1	8,7	—	5,5	1,4	0,2	4,6	4,1	0,8	2,8	0,1	0,3	7,6	83,1	16,9	6,6	2,3
Uhrmacher	100 u. mehr	173 859	5,0	52,3	1,2	7,6	—	5,3	1,1	0,1	5,0	2,1	0,8	1,3	—	0,3	6,5	86,1	13,9	5,2	2,8
Bau- und Möbeltischler	100—250	166 886	38,3 h)	5,6	1,3	23,4	—	1,8	2,7	0,2	4,9	1,5	1,2	1,9	0,2	0,5	4,7	88,0	12,0	4,6	6,8
Schuhmacher o. H.	10—20	15 018	35,9	0,5	1,5	19,7	—	—	2,2	0,2	4,6	2,8	0,4	1,9	0,1	0,0	3,6	72,4	27,6	22,1	7,6
Schuhmacher m. H.	100 u. mehr	237 439	15,6	38,9	1,5	14,4	—	2,7	1,6	0,0	4,6	1,9	0,4	0,6	0,1	0,5	3,8	91,9	8,1	4,6	2,7
Herrenschneider	20—50	31 733	42,1	1,9	2,4	20,7	0,5	0,2	2,1	0,0	4,4	3,6	2,3	1,2	0,0	0,1	5,8	79,9	20,1	12,5	5,0
Damenschneider	10—20	14 479	15,0	0,5	3,0	40,2	—	0,9	4,4	0,4	4,4	1,9	0,4	0,6	0,0	0,0	3,8	78,7	21,3	18,4	7,4
Bäcker	50—100	72 307	53,5	7,8	3,0	7,8	—	1,0	0,3	0,1	3,4	3,6	0,7	1,6	0,1	0,1	4,2	86,9	13,1	8,6	14,2
Fleischer	100—250	164 781	72,6	2,7	2,7	2,7	—	1,0	0,3	0,0	2,7	1,1	0,7	1,9	0,0	0,0	3,6	90,8	9,2	6,1	47,1
Hochbau	100—250	171 720	33,6 h)	0,5	0,8	34,3	—	1,5	1,5	0,4	4,4	0,6	0,7	1,9	0,1	0,2	4,0	87,8	12,2	4,5	26,2
Elektro-Installateure o. H.	50—100	68 585	39,5	2,9	1,2	21,0	—	2,2	2,2	0,1	4,6	1,3	0,7	1,1	0,7	0,2	6,5	82,4	17,6	7,6	5,6
Elektro-Installateure m. H.	100—250	150 922	29,4	27,4	1,2	13,7	—	3,0	1,9	0,1	4,5	1,3	0,7	0,9	0,7	0,2	4,2	89,2	10,8	5,1	4,3
Herren- und Damenfriseure o.H.	10—20	14 482	7,4	11,1	4,0	27,0	—	—	2,6	0,1	4,9	5,1	1,0	2,7	0,0	0,3	7,4	73,6	26,4	26,1	3,9
Herren- und Damenfriseure m.H.	20—50	32 183	7,9	24,9	3,1	22,3	—	0,1	2,4	0,0	4,7	4,4	2,0	2,4	0,0	0,2	6,1	80,5	19,5	14,8	4,2

o. H. = ohne oder mit geringfügigem Handelsumsatz, m. H. = mit wesentlichem Handelsumsatz. — a) Zu Einstandspreisen, d. h. einschl. Nebenkosten der Skonti- und Warenbeschaffung, aber abzüglich Rabatte, Boni, Retouren, Preisnachlässe und dergleichen, jedoch ohne Abzug der Skonti. — b) Ohne Einkommensteuer, Vermögensteuer, Soforthilfeabgabe, Notopfer Berlin, ferner ohne Grundsteuer und ohne Abgaben und Versicherungsprämien für Grundstücke, die im Mietwert verrechnet sind. — c) Steuerliche Abschreibungen ohne Sonderabschreibungen gemäß § 7 a EStG, aber einschl. der Hälfte der Sonderabschreibungen für geringwertige Wirtschaftsgüter. — d) Ohne Zinsen auf Hypotheken, Grund- und Rentenschulden, die im Mietwert verrechnet sind. — e) Versandfrachten, Fahrgelder, Reisekosten, Werbung, Verpackungsmaterial, Porto, Büromaterial, Fernsprech- und Telegrammgebühren, Beratungs- und Rechtskosten, Bankspesen, Reinigung, Bewachung, Kleinwerkzeuge und dgl. — f) Einschließlich Entgelt für mithelfende Familienangehörige. — g) Materialverbrauch und umgesetzte Handelsware dividiert durch durchschnittlichen Material- und Warenbestand. — h) Einschließlich Nachunternehmerrechnungen (bei den Bau- und Möbeltischlern = 0,0 und beim Hochbau 1,6 vH der Gesamtleistung).

Wenn man aus dieser Tabelle die in den Spalten 7 bis 11, 13, 16 und 20 enthaltenen Posten, die mit unten noch zu behandelnden Abweichungen die Nettoquote im Sinne der Nettoumsatzsteuer repräsentieren, addiert und sie den Nettoquoten von neun Handwerkszweigen, die auch in der Erhebung laut Tabelle 1 erfaßt sind, gegenüberstellt, zeigt sich das folgende Ergebnis:

Berechnungen des Nettoumsatzsteuersatzes

Tabelle 5

Handwerkszweig	1 Löhne	2 Gehälter	3 gesetzliche u. freiwillige Sozialaufwendungen	4 Miete Mietwert	5 Abschreibungen auf Forderungen	6 Betriebsergebnis	7 Nettoquote Summe 1—6	8 Nettoquote lt. Erhebung Tabelle 1
	in Prozent der Gesamtproduktion von 1950							
Kraftfahrzeughandwerker								
o. H.	18,9	3,0	2,5	2,9	0,9	11,1	39,3 }	17,7
m. H.	3,5	2,5	0,8	0,7	0,4	3,7	11,6 }	
Tischler	23,4	1,8	2,9	1,5	0,2	12,0	41,8	43,1
Herrenschneider	21,2	0,2	2,2	1,9	0,0	20,1	45,6	47,4
Damenschneider	40,2	0,9	4,4	3,6	0,1	21,3	70,5	43,4
Bäcker	7,8	1,0	0,9	2,7	0,1	13,1	25,6	26,2
Fleischer	2,7	0,3	0,3	1,1	0,0	9,2	13,6	13,3
Hochbau	34,3	1,5	4,8	0,6	0,1	12,2	53,5	43,8 (Hoch- u. Tiefbau)
Elektro-Installateure								
o. H.	21,0	1,0	2,3	1,3	0,1	17,6	43,3 }	36,5
m. H.	13,7	3,0	2,0	1,3	0,7	10,8	31,5 }	
Herren- und Damenfriseure								
o. H.	27,0	0,0	2,7	5,1	0,0	26,4	61,2 }	54,8
m. H.	22,3	0,1	2,4	4,4	0,0	19,5	48,7 }	

o. H. = ohne oder mit geringfügigem Handelsumsatz
m. H. = mit wesentlichem Handelsumsatz

Danach stimmen die Nettoquoten unter Berücksichtigung dessen, daß in der Erhebung für Kraftfahrzeughandwerker, Elektroinstallateure und Herren- und Damenfriseure Unterteilungen auf Betriebe ohne oder mit geringfügigem Handelsumsatz und Betriebe mit umfangreichem Handelsumsatz nicht gemacht worden und daher in diesen Zweigen Mittelwerte festgestellt sind, im wesentlichen überein.

Allerdings entsprechen die in der Tabelle 5 additiv ermittelten Zahlen nicht ohne weiteres den Nettoquoten, die im Sinne des bei dieser Untersuchung zugrunde gelegten Gesetzentwurfs errechnet worden sind. In der Spalte 12 der Tabelle 4 sind neben den abzugsfähigen Vorumsätzen für Versicherungen und Umsatzsteuer auch nicht abzugsfähige für bestimmte Steuern und Abgaben enthalten, die bei den Nettoquoten laut Spalte 7 der Tabelle 5 nicht berücksichtigt sind.

Unter Berücksichtigung dieser Posten müßten sich die Nettoquoten geringfügig erhöhen. Andererseits ist jedoch zu beachten, daß in der Tabelle 4 die Aufwendungen und das Betriebsergebnis in Prozent der G e s a m t p r o d u k t i o n ausgedrückt sind. Die Gesamtproduktion ergibt sich aus dem wirtschaftlichen Umsatz und der Zu- oder Abnahme der Bestände an Halb- und Fertigfabrikaten eigener Herstellung sowie der selbsterstellten Anlagen. Bei der Berechnung des wirtschaftlichen Umsatzes ist auf die tatsächlichen Zahlungseingänge keine Rücksicht genommen worden. Da bei der Erhebung für das Handwerk (Tabelle 1) von dem steuerpflichtigen Bruttoumsatz ausgegangen worden ist, der — bei Istversteuerung auch im Hinblick auf die steigenden Außenstände im Handwerk — geringer sein dürfte als die Gesamtproduktion im Sinne der Kostenstrukturerhebung, sind insoweit die aus den Ergebnissen der Kostenstrukturerhebung ermittelten Nettoquoten leicht überhöht. Die Abweichungen bei der additiven Ermittlung der Nettoquoten einerseits und der Berechnung der die Nettoquote ausmachenden Prozentsätze andererseits, die sich bei der Kostenstrukturerhebung gegenüber der in der eigenen Erhebung angewendeten Berechnungsmethode ergeben, dürften sich daher nahezu ausgleichen.

Insgesamt bestätigt das Teilergebnis der Kostenstrukturerhebung aus dem Handwerk die Repräsentanz der Ergebnisse der Erhebung, die in Tabelle 1 dargestellt sind.

Die Richtigkeit der für das G e s a m t handwerk nach Tabelle 3 ermittelten Nettoquote wird durch Berechnungen des Ifo-Instituts bestätigt. Danach betragen für das Handwerk (ohne Bau) im Jahre 1952[51]

Bruttoumsatz	21,8 Milliarden DM
Abzugsfähige Vorumsätze	12,9 Milliarden DM
Nettoumsatz	8,9 Milliarden DM

---

[51] Ifo-Institut für Wirtschaftsforschung: a.a.O., S. 82.

Da bei diesen Zahlen entsprechend der vom Ifo-Institut verwendeten Definition des Nettoumsatzes als abzugsfähige Vorumsätze lediglich Beträge für Waren, Materialien, Hilfs- und Betriebsstoffe betrachtet worden sind, müssen die nach dem Gesetzentwurf des Finanzwissenschaftlichen Forschungsinstituts darüberhinaus abzugsfähigen Posten noch berücksichtigt werden.

In den Spalten 12, 14, 15, 17 und 18 der Tabelle 4 sind diese Posten enthalten. Nach dem arithmetischen Mittel der bei den aufgeführten Handwerkszweigen angefallenen Aufwendungen betragen diese 4 % in Spalte 12, 0,8 % in Spalte 14, 1,5 % in Spalte 15, 0,2 % in Spalte 17 und 5,2 % in Spalte 18, zusammen rund 12 % der Gesamtproduktion. Wenn man diesen Prozentsatz für das Gesamthandwerk als repräsentativ annimmt, und zwar unter Berücksichtigung der oben gemachten Ausführungen hinsichtlich der Abweichungen bei der Ermittlung der abzugsfähigen Vorumsätze für Steuern und Versicherung sowie bei dem Bruttoumsatz, ergibt sich bei seiner Anwendung auf den vom Ifo-Institut mit 21,8 Milliarden DM errechneten Bruttoumsatz eine Erhöhung der abzugsfähigen Vorumsätze um 2,6 Milliarden DM. Der Nettoumsatz stellt sich danach auf 6,3 Milliarden DM (21,8 ./. 15,5 Milliarden DM) und die Nettoquote für das Gesamthandwerk, allerdings ohne Bau, auf 28,8 %. Nach den Ergebnissen der Tabelle 3 errechnete sich die Nettoquote auf Grund der Erhebung für das Gesamthandwerk auf 28,9 %.

V. Auswirkungen der Nettoumsatzsteuer auf das Handwerk

Bei der Diskussion um die Nettoumsatzsteuer steht oft allein die Frage der bei ihrer Realisierung eintretenden „Belastungs"-Verschiebungen im Vordergrund. Für das Handwerk wird dieser Frage nicht nur von Handwerkskreisen selbst besondere Bedeutung zugemessen, da man im Handwerk ganz allgemein besonders hohe Formungskoeffizienten bzw. Nettoquoten vermutet, die bei Einführung eines Nettoumsatzsteuersystems große Mehr-„Belastungen" an Umsatzsteuer nach sich ziehen können. Ohne Zweifel ist es nun von Wichtigkeit, die Auswirkungen zu kennen, die sich mit Einführung einer Nettoumsatzsteuer insbesondere im Hinblick auf die Steuerbeträge ergeben, die von den Unternehmern im Rahmen dieses Systems gegenüber dem Bruttoumsatzsteuersystem auf ihre Abnehmer zu überwälzen sind. Über die Diskussion um diese Verschiebungen sollten aber die zahlreichen sonstigen Auswirkungen nicht vernachlässigt werden, die sich bei Einführung einer Nettoumsatzsteuer durch die Beseitigung der Mängel des Bruttoumsatzsteuersystems ergeben, von denen einige für das Handwerk von besonderer Bedeutung sind.

1. Auswirkungen auf die Umsatzsteuerbeträge, die vom Handwerk zu überwälzen sind, und die Umsatzsteuerbelastung der Vorlieferungen des Handwerks

Bei Einführung einer Nettoumsatzsteuer können sich für das Handwerk gegenüber dem jetzigen System Änderungen einmal hinsichtlich der auf die Abnehmer zu überwälzenden und an den Fiskus abzuführenden Steuerbeträge sowie zum anderen hinsichtlich der Preise der mit Umsatzsteuer belasteten Vorumsätze ergeben. Von größerer Bedeutung und von besonderem Interesse für das Handwerk und auch die Öffentlichkeit ist die Frage der Änderung der zu überwälzenden und abzuführenden Steuerbeträge.

Um zunächst die dabei möglichen Änderungen aufzuzeigen, werden für die sieben Handwerksgruppen und das gesamte Handwerk d i e Steuerbeträge gegenübergestellt, die nach dem geltenden Umsatzsteuersystem und im Rahmen eines Nettoumsatzsteuersystems bei einem vorläufigen Verkaufspreis von 100,— DM zu überwälzen und abzuführen sind.

Dabei wird für die Berechnung des nach dem Bruttosystem anfallenden Betrages davon ausgegangen, daß im Handwerk in der Regel der

Steuersatz von 4 % zur Anwendung kommen muß. Für einige wenige Handwerkszweige, deren Umsätze ganz oder zum Teil auch niedrigeren Sätzen unterliegen, bedarf diese Berechnung insoweit einer Korrektur.

Da nach den Bestimmungen des gegenwärtigen Systems die kalkulierte Umsatzsteuer selbst auch zu der Bemessungsgrundlage für die Steuerberechnung gehört, muß der Steuersatz „im Hundert" gerechnet oder ein entsprechend höherer Satz bei „vom-Hundert"-Rechnung angesetzt werden. Der bei Anwendung des gegenwärtigen Normal-Steuersatzes von 4 % zu überwälzende Steuerbetrag macht daher rund 4,16 % der Preise ohne Umsatzsteuer aus.

Für die Berechnung nach dem Nettoumsatzsteuersystem wird von dem Steuersatz von 9,7 % ausgegangen, der gemäß Tabelle 2 nach den Gegebenheiten im Handwerk zur Anwendung kommen müßte, um bei dem vorgeschlagenen System im Handwerk ein unverändertes Steueraufkommen zu gewährleisten. Unter Anwendung dieses Steuersatzes sowie unter Berücksichtigung der für die Handwerksgruppen und das gesamte Handwerk ermittelten Nettoquoten (Tabellen 1 und 2) wird der im Rahmen des Nettoumsatzsteuersystems zu überwälzende Steuerbetrag errechnet. Dabei ist von Bedeutung, daß bei der repräsentativen Ermittlung der Nettoquoten von einem Nettoumsatzsteuersystem ausgegangen worden ist, bei dem die Umsatzsteuer selbst auch zu den vom Bruttoumsatz abzugsfähigen Posten gehört; hierauf ist bereits bei der Besprechung der an die Handwerker versandten Fragebogen hingewiesen worden. Infolgedessen ist bei Anwendung des Steuersatzes von 9,7 % nicht „im Hundert" der Bemessungsgrundlage, dem Nettoumsatz, zu rechnen, sondern „vom Hundert".

Tabelle 6
Im Handwerk zu überwälzender Steuerbetrag bei einem vorläufigen Verkaufspreis von DM 100,—

Handwerksgruppe	1 Nettoquote lt. Erhebung	2 Bruttoumsatzsteuersystem Steuersatz 4 % DM	3 Nettoumsatzsteuersystem Steuersatz 9,7 % DM	3 a Veränderung gegenüber Spalte 2 in % von DM 100,—	4 Vergleichsweise: Steuersatz Ritschl 11,2 % DM	5 Steuersatz Raabe 9 % DM
I	46,2	4,16	4,48	+ 0,32	5,17	4,15
II	10,3	4,16	0,99	./. 4,17	1,15	0,92
III	38,2	4,16	3,70	./. 0,46	4,27	3,43
IV	19,2	4,16	1,86	./. 2,30	2,15	1,72
V	34,8	4,16	3,37	./. 0,79	3,89	3,13
VI	46,3	4,16	4,49	+ 0,33	5,18	4,16
VII	44,1	4,16	4,26	+ 0,10	4,93	3,96
Gesamthandwerk	28,9	4,16	2,80	./. 1,36	3,23	2,60

Das Ergebnis dieser Berechnung zeigt Tabelle 6, in der zum Vergleich auch die Steuerbeträge angegeben sind, die ceteris paribus bei Anwendung der in Anlehnung an Ritschl und von Raabe errechneten Steuersätze von 11,2 % und 9 % anfallen würden.

Die Gegenüberstellung der Steuerbeträge läßt erkennen, daß durch einen Systemwechsel im gesamten Handwerk bei der Nettoquote von 28,9 % und unter Berücksichtigung der gemachten Prämissen eine Verringerung der Steuerzahlungen in Höhe von 1,36 % der Preise ohne Umsatzsteuer eintreten würde.

In den einzelnen Handwerks g r u p p e n lassen sich entsprechend der Höhe der Nettoquoten unterschiedliche Auswirkungen erkennen. Sie reichen von einer Veränderung um ./. 4,17 % bis zu + 0,33 % der vorläufigen Verkaufspreise. Unterschiedliche Auswirkungen werden sich auch in den Zweigen der sieben Handwerksgruppen ergeben, da die bei der Berechnung zugrunde gelegten Nettoquoten der Gruppen lediglich Durchschnittswerte darstellen. Diesen Auswirkungen kann jedoch im einzelnen nicht nachgegangen werden.

Für das Bäckerhandwerk und das Kraftfahrzeughandwerk mit Kraftfahrzeuggroßhandel im Sinne des Umsatzsteuergesetzes werden besondere Berechnungen angestellt, weil in diesen beiden Zweigen in starkem Maße vom Normalsatz von 4 % abweichende Steuersätze zum Zuge kommen.

Im Bäckerhandwerk gelangt auf Grund von § 7 Abs. 2 Ziffer 2 b Umsatzsteuergesetz für bestimmte Backwaren der ermäßigte Steuersatz von 1,5 % zur Anwendung. Entsprechend ist für eine im Sinne der Berechnung in Tabelle 6 für das Bäckerhandwerk anzustellende spezielle Vergleichsrechnung der im Rahmen des jetzigen Systems zu überwälzende Steuerbetrag mit weniger als 4,16 % des vorläufigen Verkaufspreises anzusetzen.

Da nicht j e g l i c h e Umsätze des Bäckerhandwerks begünstigt sind, soll in Anlehnung an den gemäß Erlaß des Bundesfinanzministers vom 30. Januar 1952 — IV S 4 214 — 2/15 — für das Bäckerhandwerk unter bestimmten Umständen zulässigen Durchschnittssteuersatz von 2,3 % der Satz von 2,5 „vom Hundert" der Bemessungsgrundlage als repräsentative Belastung im Bruttosystem angenommen werden. Bei der für das Bäckerhandwerk ermittelten Nettoquote von 26,2 % (Tabelle 1) würde sich im Rahmen eines N e t t o umsatzsteuersystems unter Annahme des Satzes von 9,7 % ein Steuerbetrag von 2,54 DM ergeben. Die Auswirkungen des Systemwechsels auf die Steuerzahlungen wären demnach auch im Bäckerhandwerk geringfügig.

Im Kraftfahrzeughandwerk hat der Handel mit Kraftfahrzeugen oft einen großen Anteil am Gesamtumsatz. Da für diesen Anteil überwiegend der ermäßigte Steuersatz von 1 % für Großhandelslieferungen gemäß § 7 Absatz 3 Umsatzsteuergesetz zur Anwendung kommen kann, ist es auch für diesen Handwerkszweig bei der Vergleichsrechnung nicht möglich, von einem zu überwälzenden Steuerbetrag von 4,16 % auszugehen; der Betrag muß vielmehr niedriger sein und wird hier auf 2 % der im Bruttosystem anzusetzenden Bemessungsgrundlage geschätzt. Demgegenüber würde sich im Rahmen eines Nettoumsatzsteuersystems bei einer Nettoquote von 17,7 % (Tabelle 1) und einem Steuersatz von 9,7 % ein Steuerbetrag von 1,71 DM ergeben, wenn — wie oben — ein Verkaufspreis ohne Umsatzsteuer von 100,— DM angenommen wird. Auch in diesem Handwerkszweig würde also unter diesen Umständen im Durchschnitt kein Anstieg, vielmehr ein kleiner Rückgang der Steuerzahlungen eintreten.

Nach alledem kann für das Handwerk der Bundesrepublik im Hinblick auf die Änderungen der Umsatzsteuerzahlungen, die beim Übergang auf ein Nettosystem eintreten würden, festgestellt werden, daß sich bei dem Steuersatz von 9,7 % im Durchschnitt nur geringe Auswirkungen und für das gesamte Handwerk eine Verringerung um 1,36 % der Preise ohne Umsatzsteuer ergeben.

Vergleichsweise läßt sich für das gesamte Handwerk aus den Berechnungen des Ifo-Instituts, ebenfalls auf der Grundlage des Jahres 1952, eine Verringerung der Steuerzahlungen um 1,07 % ableiten, wenn das für d i e s e Berechnungen unterstellte Nettoumsatzsteuersystem mit einem Steuersatz von 6,16 % realisiert würde[52]. Danach macht nämlich die für das Handwerk mit 225 Millionen DM errechnete „Entlastung" rund 1,07 % des Bruttoumsatzes aus, der für diesen Vergleich um das nach dem gegenwärtigen System zu leistende Umsatzsteuersoll von 772 Millionen DM auf 21 028 Millionen DM gekürzt ist.

Es ergibt sich daher, daß sich unter den hier gemachten Voraussetzungen bei dem in Frage stehenden Systemwechsel von der Seite der vom Handwerk zu kalkulierenden und abzuführenden Steuerbeträge her keineswegs die großen Auswirkungen, die nach manchen Äußerungen in der Literatur befürchtet werden, zeigen würden, die eine Umschichtung des gesamten Produktionsaufbaus bewirken könnten. Unter der Annahme eines Steuersatzes von 9,7 % würden nur d i e Handwerksbetriebe einen größeren Steuerbetrag als bisher zu überwälzen haben, die eine Nettoquote von mehr als 42,89 % aufweisen. Aber auch im Schornsteinfegerhandwerk, das nach Tabelle 1 mit 74,5 % die größte Nettoquote aufweist, steigt der Steuerbetrag, der zu überwälzen ist, lediglich von 4,16 % auf 7,22 % des Rechnungsbetrages ohne Umsatzsteuer.

---

[52] Ifo-Institut für Wirtschaftsforschung: a.a.O., S. 84.

Weiterhin sind nun die Auswirkungen des Systemwechsels auf die Umsatzsteuerbelastung der Vorumsätze des Handwerks zu untersuchen.

Dazu müssen zum Vergleich die Steuerbeträge gegenübergestellt werden, die in den Preisen der bei der Produktion verwendeten Güter im Rahmen eines Nettoumsatzsteuersystems und im Rahmen des gegenwärtigen Bruttoumsatzsteuersystems auf das Handwerk zu überwälzen sind.

Im Nettoumsatzsteuersystem entspricht grundsätzlich der Anteil der Umsatzsteuer am Preise dem zur Anwendung kommenden Steuersatz; Abweichungen bei differenzierten Sätzen im Rahmen der direkten Methode bleiben hier außer Betracht. Auf die Güter der Vorstufen des Handwerks entfällt demnach eine Steuerbelastung, die der Gesamtbelastung, angenommen von 9,7 %, abzüglich des vom Handwerk selbst zu überwälzenden Betrages entspricht.

Unter Verwendung des Steuersatzes von 9,7 % und der ermittelten Nettoquoten ergibt sich daher folgendes Bild:

Handwerks-gruppe	1 Netto-quote	2 Insgesamt	3 Vom Handwerk	4 Von Vorstufen
		zu überwälzende Steuer in Prozent der Preise des Handwerks ohne Umsatzsteuer		
I	46,2	9,7	4,48	5,22
II	10,3	9,7	0,99	8,71
III	38,2	9,7	3,70	6,00
IV	19,2	9,7	1,86	7,84
V	34,8	9,7	3,37	6,33
VI	46,3	9,7	4,49	5,21
VII	44,1	9,7	4,26	5,44
Gesamthandwerk	28,9	9,7	2,80	6,90

Die aus den Prozentsätzen in Spalte 4 für die Vorumsätze errechneten Steuerbelastungen machen entsprechend der Wirkungsweise des Nettoumsatzsteuersystems jeweils 9,7 % der in den einzelnen Handwerksgruppen abzugsfähigen Vorumsätze aus. Wenn man die Preise ohne Umsatzsteuer mit 100,— DM ansetzt, ergeben sich also in den Handwerksgruppen folgende abzugsfähige Vorumsätze und darauf entfallende Steuerbeträge:

1 Handwerksgruppe	2 Abzugsfähiger Vorumsatz DM	3 Steuerbelastung DM
I	53,80	5,22
II	89,70	8,71
III	61,80	6,00
IV	80,80	7,84
V	65,20	6,33
VI	53,70	5,21
VII	55,90	5,44

Den Steuerbelastungen der Vorumsätze im Rahmen des Nettoumsatzsteuersystems sind die Belastungen im gegenwärtigen Umsatzsteuersystem gegenüberzustellen. Das setzt die Kenntnis der durchschnittlichen kumulativen Umsatzsteuerbelastung sämtlicher Vorlieferungen der sieben Handwerksgruppen voraus.

Berechnungen liegen darüber bisher nicht vor und sind auch im Hinblick auf die Vielzahl der Positionen, deren kumulative Belastung errechnet werden müßte, nicht ohne weiteres durchführbar. Die kumulative Belastung der Vorlieferungen muß daher für die Vergleichsrechnung vorsichtig geschätzt werden.

Im Hinblick darauf, daß nach den Berechnungen des Ifo-Instituts für die Erzeugnisse der Nahrungs- und Genußmittelindustrie Belastungen von durchschnittlich 8 %, der Textilindustrie von durchschnittlich 11,5 % und der sonstigen Konsumgüterindustrie von durchschnittlich 10 % festgestellt[53] und z. B. nach unveröffentlichten Untersuchungen für Erzeugnisse des Tischlerhandwerks Belastungen zwischen 8,5 und 15 % errechnet worden sind, kann der Ansatz der kumulativen Belastung der Vorlieferungen mit 5 % als vorsichtig betrachtet werden. Für die Gruppe Nahrungsmittelhandwerk muß jedoch wegen der für d e r e n Vorlieferungen in Betracht kommenden Vergünstigungen des § 4 Ziffer 4 Umsatzsteuergesetz in Verbindung mit § 29 der Durchführungsbestimmungen zum Umsatzsteuergesetz sowie des § 7 Absatz 2 Ziffern 2 a und b Umsatzsteuergesetz eine niedrigere Belastung der Vorlieferungen angenommen werden, die auf 4 % geschätzt wird.

Es ergibt sich danach folgende Vergleichsrechnung:

Handwerksgruppe	1 Vorumsatz bei Preis ohne Umsatzsteuer von DM 100,— DM	2 Steuerbelastungen der Vorlieferungen im Bruttoumsatzsteuersystem 5 % DM	3 Nettoumsatzsteuersystem 9,7 % DM	4 Mehrung Sp. 3 gegenüber Sp. 2 DM
I	53,80	2,69	5,22	2,53
II	89,70	3,58 (4 %)	8,71	5,13
III	61,80	3,09	6,00	2,91
IV	80,80	4,04	7,84	3,80
V	65,20	3,26	6,33	3,07
VI	53,70	2,68	5,21	2,53
VII	55,90	2,79	5,44	2,65

Nach dieser Berechnung würde also die Steuerbelastung der Vorlieferungen des Handwerks durchschnittlich steigen, und zwar für Nahrungsmittelhandwerke um rund 5,7 %, für die übrigen Handwerke um rund 4,7 % der Preise der Vorlieferungen gemäß Spalte 1.

---

[53] Ifo-Institut für Wirtschaftsforschung: a.a.O., S. 107.

Vergleicht man den Anstieg der Belastung der Vorlieferungen in den Handwerksgruppen mit den Änderungen, die sich im Handwerk selbst bei den zu überwälzenden Steuerbeträgen ergeben (Tabelle 6), so zeigt sich das folgende Ergebnis:

Handwerks-gruppe	1 Anstieg der Steuerbelastung der Vorlieferungen DM	2 Veränderung des vom Handwerk zu überwälzenden Steuerbetrages DM	3 Anstieg insgesamt nach Verrechnung mit Spalte 2 DM
I	2,53	+ 0,32	2,85
II	5,13	./. 4,17	0,96
III	2,91	./. 0,46	2,45
IV	3,80	./. 2,30	1,50
V	3,07	./. 0,79	2,28
VI	2,53	+ 0,33	2,86
VII	2,65	+ 0,10	2,75

Insgesamt können danach im gesamten Handwerk beim Übergang auf das Nettoumsatzsteuersystem unter den hier gemachten Voraussetzungen und bei genauer Kalkulation geringe Steigerungen der Preise eintreten, und zwar unter Berücksichtigung der Änderungen, die sich bei den vom Handwerk zu überwälzenden Steuerbeträgen und den Belastungen der Vorumsätze des Handwerks ergeben. Die Steigerungen können nach der obigen Berechnung durchschnittlich bis zu 2,86 %/0 der Preise ohne Umsatzsteuer ausmachen.

2. Sonstige Auswirkungen

Durch die Beseitigung der Mängel des Bruttoumsatzsteuersystems kann sich für das Handwerk eine Reihe günstiger Auswirkungen ergeben.

Insbesondere müßten sich der durch die Beseitigung der konzentrationsfördernden Wirkungen des geltenden Systems hervorgerufene Antrieb zur Dekonzentration und die Begünstigung der volkswirtschaftlichen Arbeitsteilung auswirken. Dadurch könnten die Produktionsmöglichkeiten des Handwerks vergrößert und damit ein echtes Anliegen der Mittelstandspolitik wie auch der allgemeinen Wirtschaftspolitik erfüllt werden, da die Dekonzentration eine Festigung der marktwirtschaftlichen Ordnung durch Förderung der Konkurrenz bewirken würde.

Die bereits jetzt in Industrie und Einzelhandel gegebene Tendenz zum Abbau handwerklicher Nebenbetriebe, die durch genaue Kostenanalysen veranlaßt ist, könnte z. B. eine Verstärkung erfahren, da der Umsatzsteuervorteil, der sich aus der Ersparnis der Stufe Handwerk-Industrie oder Handwerk-Einzelhandel im Bruttoumsatzsteuersystem ergibt, im Nettosystem in Fortfall kommen würde.

Ganz allgemein müßten durch die Reform die Möglichkeiten zur Wiederübernahme von Funktionen oder Übernahme neuer Funktionen durch das Handwerk verbessert werden.

Durch ein Nettoumsatzsteuersystem würde die Frage der Umsatzbesteuerung der Arbeitsgemeinschaften des Handwerks, die häufig zur Ausführung von Massenaufträgen insbesondere öffentlicher Auftraggeber gebildet werden, auf günstige Weise gelöst.

Nach gegenwärtigem Recht ist Umsatzsteuer sowohl von den Entgelten für die Leistungen der einzelnen Mitglieder als auch die Leistungen der Arbeitsgemeinschaft selbst zu entrichten, wenn diese mit den Auftraggebern im eigenen Namen abschließt. Für die Arbeitsgemeinschaften der kleineren und mittleren Handwerksbetriebe gibt es zwar auf Grund des Erlasses vom 6. September 1937, S. 4106 — 170 III, Reichssteuerblatt 1937, Seite 1017, in Verbindung mit dem Erlaß des Bundesministers der Finanzen vom 8. Dezember 1952, IV S. 4300 — 153/52, besondere Vergünstigungen, es kommt aber doch immer wieder wegen dieser Frage zu Auseinandersetzungen mit der Finanzbehörde (vgl. Umsatzsteuerrundschau 1954, Heft 10, S. 80: Umsatzsteuerpflicht von Arbeitsgemeinschaften des Malerhandwerks). Mit Einführung eines Nettoumsatzsteuersystems könnten die für den Handwerker zu komplizierten Vorschriften der genannten Erlasse in Wegfall kommen, und alle Arbeitsgemeinschaften hätten lediglich die geringe Differenz zwischen Brutto- und Vorumsätzen zu versteuern.

Für die volkswirtschaftlich insbesondere zur Zeit im Hinblick auf Rüstungsaufträge wünschenswerte und betriebswirtschaftlich vorteilhafte Bildung von Arbeitsgemeinschaften des Handwerks, die die Bedeutung der handwerklichen Produktionsringe in den USA erlangen könnten, wären dadurch erheblich bessere Voraussetzungen gegeben.

Die Unterscheidung von Werklieferungen und Werkleistungen, die besonders für das Handwerk im gegenwärtigen Umsatzsteuerrecht bei Materialbeistellungen seitens der Auftraggeber wegen der auf den Materialanteil entfallenden Umsatzsteuer von Bedeutung ist, könnte im Rahmen eines Nettoumsatzsteuersystems völlig wegfallen. Bisher gab es auf diesem Gebiet häufig Meinungsverschiedenheiten zwischen Fiskus und Steuerpflichtigen, insbesondere weil schon eine geringfügige Beratung des Auftraggebers durch den Handwerker bei der Auswahl des Materials und die Prüfung des vom Auftraggeber erworbenen Materials insoweit steuerschädlich sind, als eine Materialbeistellung nicht mehr gegeben ist und eine Werklieferung angenommen wird[54].

Ein betriebswirtschaftlicher Vorteil kann für einige Zweige des Handwerks nach Fortfall der Unterscheidung von Werklieferungen und

---

[54] BFH-Urteil V 117/53 vom 30. Oktober 1953, BStBl. III 1953, S. 366.

Werkleistungen dadurch erreicht werden, daß die Auftraggeber stärker als bisher die Beschaffung geeigneten Materials dem sachkundigeren Handwerker überlassen, während im geltenden System die Ersparnis eines Umsatzaktes und der darauf entfallenden Steuer die Materialbeschaffung durch den Auftraggeber mit fördert.

Für die zwar noch nicht sehr umfangreiche Ausfuhr des Handwerks können sich mit Einführung eines Nettoumsatzsteuersystems günstige Auswirkungen durch die im Rahmen dieses Systems mögliche g e n a u e Entlastung der Ausfuhrgüter von der Umsatzsteuer ergeben. Der gleichzeitig mögliche Fortfall des bisher für die Erlangung der Ausfuhrvergütungen erforderlichen Nachweis- und Antragssystems, das dem exportierenden Handwerker zu viele Schwierigkeiten bereitet, würde sicherlich begrüßt. Die Umsatzsteuerentlastung der Ausfuhrgüter wird ja in einem Nettoumsatzsteuersystem schon dadurch bewirkt, daß lediglich die Bruttoerlöse aus Exportgeschäften nicht in die Bemessungsgrundlage einbezogen werden und die auf diese Umsätze entfallenden Vorumsätze oder Vorsteuern von anderen Bruttoumsätzen abgezogen werden können.

Für das Handwerk mit Großhandel im Sinne des Umsatzsteuerrechts würde der Fortfall der Be- und Verarbeitungsvorschriften von Bedeutung sein. Im gegenwärtigen Umsatzsteuerrecht ergeben sich durch die rein kasuistische Auslegung der diesbezüglichen gesetzlichen Bestimmungen oft unverständliche Auswirkungen, die auch die nach dem Gesetz gewollte Überwälzung der Umsatzsteuer häufig unmöglich werden lassen; so zum Beispiel wenn die Großhandelsvergünstigung dem Kraftfahrzeughandwerk bei Lieferungen von Kraftwagen dadurch verloren geht, daß der Einbau eines Radios als steuerschädliche, die Anbringung von zusätzlichen Lampen, Frostschutzscheiben, Planen und Plangestellen u. a. als nicht steuerschädliche Bearbeitung betrachtet wird (Erlaß RFM vom 23. Dezember 1937 — S. 4216 — 559 III). Der im Rahmen eines Nettoumsatzsteuersystems mögliche Verzicht auf Be- und Verarbeitungsvorschriften würde die Arbeit des Handwerks hinsichtlich der Buchnachweise erleichtern und eine Vielzahl von Rechtsmitteln vermeiden helfen. Damit würde eine Verbesserung der Steuermoral einhergehen, da die Steuerpflichtigen jetzt durch die Be- und Verarbeitungsvorschriften ebenso wie durch die Rechtsprechung zu der Frage der Materialbeistellung immer wieder veranlaßt werden, auf unwirtschaftlichen Umwegen Tatbestände zu schaffen, an die das Gesetz eine Leistungspflicht nicht knüpft (§ 1 Abs. 1 Reichsabgabenordnung). Daß durch das Einschlagen solcher Umwege das Ansehen des Gesetzgebers und die Steuermoral nicht steigen, steht außer Zweifel.

Für einen Teil des Handwerks mit Großhandelsumsatz wäre auch der Fortfall der Vorschrift des § 7 Absatz 3, Satz 2 Umsatzsteuergesetz von

Wichtigkeit, wonach Voraussetzung für die Inanspruchnahme des Großhandelssteuersatzes von zur Zeit 1 %/o ist, daß im Vorjahr bereits Großhandelsumsätze gegeben waren und Einzelhandel und sonstige Leistungen zusammen nicht mehr als 75 %/o des Gesamtumsatzes ausgemacht haben. Die Steuerbelastung wird in einem Nettoumsatzsteuersystem ja nicht mehr vor der Erfüllung dieser Voraussetzungen, sondern lediglich von dem Nettoumsatz, der bei Großhandelslieferungen besonders niedrig ist, beeinflußt.

Eine günstige Lösung würde durch den Systemwechsel für die Fragen der Abgrenzung von Agentur und Eigenhandel sowie für Fragen des Umtauschgewerbes erreicht, die z. B. für den Brotverkauf von Bäckern für andere Hersteller, den Benzinverkauf von Kraftfahrzeughandwerkern sowie die Umtauschbäckerei und -müllerei von Bedeutung sind.

Auch in diesen Fällen würde die Höhe der Steuerzahlungen nicht durch geschickte Darstellung von Tatbeständen beeinflußt und von der Erfüllung umfangreicher Nachweisverpflichtungen abhängig sein, sondern allein durch die Höhe des Nettoumsatzes bestimmt; dadurch wird auch in jedem Fall eine vernünftige Relation zwischen tatsächlicher Leistung und Steuerzahlung herbeigeführt.

Ganz allgemein muß eine Nettoumsatzsteuer eine größere Klarheit und Übersichtlichkeit des Umsatzsteuerrechts herbeiführen. Die dem gegenwärtigen System eigentümliche Kasuistik, die die Einführung ganz besonderer Begriffe, die von dem allgemeinen Sprachgebrauch und der Fachsprache abweichen und denen man sich besonders öffnen muß, erfordert, und eine Unzahl von Rechtsmitteln, höchstrichterlichen Sprüchen und Erlassen veranlaßt hat, werden durch die klaren Bestimmungen über den Vorumsatz- oder Vorsteuerabzug abgelöst. Die Arbeit der Finanzverwaltung wird nicht mehr durch die Klärung von Prinzipienfragen belastet, sondern auf die Kontrolle der richtigen Ermittlung von Bruttoumsatz und Vorumsatz bzw. Vorsteuer beschränkt.

Bei einer Systemänderung kann wohl auch aus systematischen Gründen ein Optionsrecht für das Handwerk auf weitere Vorsteuerung nach dem gegenwärtigen System, etwa wegen verwaltungstechnischer Schwierigkeiten, nicht in Betracht kommen — das würde auch für die überwiegende Zahl der Handwerker auf eine Art Bestrafung hinauslaufen, da für sie die Vorteile des Nettoumsatzsteuersystems nicht wirksam würden; deshalb kann hinsichtlich des Einflusses der in Frage stehenden Umsatzsteuerreform auf die Verwaltungstätigkeit des Handwerks noch gesagt werden, daß es durchaus im wohlverstandenen Interesse des Handwerks liegen würde, wenn durch die Einführung der Nettoumsatzsteuer ein gewisser Zwang zur Verbesserung der Buchführung und der Kalkulation ausgeübt würde. Im Zeichen einer steigenden Kapitalintensität und damit ansteigenden fixen Kosten ist eine Buchführung, die nicht nur den geringsten Anforderungen des Steuerrechts entspricht, sondern auch Aufschluß über die wirkliche Kosten- und Ertragslage geben kann, unbedingt erforderlich, um an Hand der gewonnenen Unterlagen eine bewußte Steuerung des Betriebes zu ermöglichen. Die geringe Bankfähigkeit des Handwerks, die häufig genug beklagt wird, ist zu einem nicht geringen Teil durch unzulängliche Buchführung bedingt und könnte durch Verbesserung auf diesem Gebiete erheblich gehoben werden[55].

In einem Nettoumsatzsteuersystem ist darüber hinaus der Handwerker als Abnehmer an der Erteilung einer Rechnung, die er auch verbuchen wird, mehr als in einem Bruttoumsatzsteuersystem interessiert, da in den Rechnungen abzugsfähige Vorumsätze bzw. Vorsteuern enthalten sind. Andererseits werden die Abnehmer des Handwerks — wenigstens soweit sie nicht Konsumenten sind — aus demselben Grund auf Erteilung einer Rechnung drängen. Dadurch kann sich die Qualität der Aufzeichnungen des Handwerks auch insoweit verbessern, als eine Verminderung der sogenannten OR-Geschäfte eintritt. Daraus zieht keineswegs allein die Finanzverwaltung einen Vorteil, sondern insbesondere auch derjenige Teil der Handwerker, deren Steuerehrlichkeit durch solche Kostenvorteile, die von Konkurrenten durch illegale Steuerausweichung mittels OR-Geschäften errungen werden, einer starken Belastung ausgesetzt ist, da ihnen ein ordnungsmäßiger Wettbewerb unmöglich gemacht wird.

Abschließend soll zu diesem Fragenkomplex noch die Anpassungsfähigkeit der Nettoumsatzsteuer an den Konjunkturverlauf erwähnt werden. Die im Konjunkturverlauf relative Starrheit der Steuerzahlungen im Bruttoumsatzsteuersystem — von der Finanzverwaltung oft als „Krisenfestigkeit" der Umsatzsteuer hervorgehoben, was volkswirtschaftlich betrachtet aber durchaus kein Ehrentitel sein kann — wird in einem Nettoumsatzsteuersystem abgelöst durch Steuerzahlungen, die sich der tatsächlichen Leistung des Handwerks, ausgedrückt durch die Nettoquote, anpassen.

3. Differenzierung des Nettoumsatzsteuersatzes, insbesondere für Dienstleistungsumsätze des Handwerks

Eine Differenzierung der in einem Nettoumsatzsteuersystem zur Anwendung kommenden Steuersätze kann aus sozialen oder aus wirtschaftspolitischen Gründen für notwendig erachtet werden.

---

[55] *Siewert*, Wolfgang: Strukturwandlungen des Handwerks im Rahmen der Wirtschaftsentwicklung, in: Sonderhefte Neue Folge Nr. 31, Deutsches Institut für Wirtschaftsforschung, Berlin 1954, S. 15.

In diesem Rahmen sind hauptsächlich die wirtschaftspolitischen Gründe von Bedeutung, die darauf abgestellt sind, daß die bisher gegebene Überwälzungs- und Inkasso-Aufgabe hinsichtlich der Umsatzsteuer für bestimmte Wirtschaftszweige durch Einführung einer Nettoumsatzsteuer nicht vergrößert wird.

Eine Differenzierung wird insbesondere für die Besteuerung der Umsätze der Grundstoffindustrien und des Dienstleistungsgewerbes für erforderlich gehalten, und zwar in der Form, daß wegen der wahrscheinlich hohen Nettoquoten in diesen Sektoren u n t e r dem Normalsteuersatz liegende Sätze zur Anwendung gelangen. Ein reines Warenumsatzsteuersystem, das also Dienstleistungen gar nicht erfaßt, wird wegen Abgrenzungsschwierigkeiten wohl kaum realisiert werden können.

Für das Handwerk kann eine Differenzierung — wenn überhaupt — nur für die Umsätze der reinen Dienstleistungsbetriebe in Betracht kommen.

Die in Tabelle 1 dargestellten Ergebnisse einer besonderen Erhebung für das Handwerk lassen jedoch erkennen, daß selbst in Zweigen, in denen man besonders hohe Nettoquoten vermutet hat, z. B. im Friseurhandwerk, keineswegs so hohe Nettoquoten gegeben sind, die eine bedeutende Mehr-„Belastung" bei Anwendung des Normalsteuersatzes hervorrufen würden. Diese Tatsache ergibt sich neben der auch in den Dienstleistungsbetrieben steigenden Kapitalintensität insbesondere daraus, daß diese Betriebe meist einen beträchtlichen Anteil an Handelsumsatz mit geringen Nettoquoten aufzuweisen haben. Wenn man die Notwendigkeit der Differenzierung des Umsatzsteuersatzes für Umsätze der Dienstleistungsbetriebe des Handwerks weiterhin vom Anteil dieser Betriebe am Gesamtumsatz des Handwerks her beurteilt, ist zu fragen, ob diese Sonderregelung überhaupt zweckmäßig und notwendig ist. Nach einer Angabe an früherer Stelle betrug nämlich 1949 der Anteil der Dienstleistungen am r e i n e n Handwerksumsatz nur 4 %. Da die Dienstleistungsbetriebe einer relativ starren Nachfrage gegenüberstehen, 77,9 % entfielen 1949 auf die Gruppe der Körperpflege, ist auch anzunehmen, daß die Überwälzung der gegebenenfalls höheren Umsatzsteuer gelingt. Ein differenzierter Steuersatz für Umsätze aus Dienstleistungen, der das vorgeschlagene Umsatzsteuersystem verwaltungsmäßig erschweren würde, ist deshalb eventuell lediglich vom Handwerk her gesehen nicht erforderlich.

Für eine dennoch vorgesehene Differenzierung der Steuersätze sind die Auswirkungen im direkten und im indirekten Verfahren der Nettoumsatzsteuer zu betrachten.

Zunächst ist zu erwähnen, daß die Begünstigung von bestimmten Gütern oder Wirtschaftszweigen nicht allein durch Differenzierung des

Steuersatzes erreicht werden kann, sondern auch durch entsprechende Kürzung des Bruttoumsatzes. Diese Methode wird in dem französischen Mehrwertsteuersystem angewandt, wo z. B. das Baugewerbe die Steuer von dem um 35 % gekürzten Bruttoumsatz berechnen kann.

Wie bereits bei der allgemeinen Besprechung des **direkten Verfahrens** der Nettoumsatzsteuer dargelegt wurde, entspricht der relative Steueranteil am Preis bei Differenzierung der Steuersätze nicht der Höhe des Steuersatzes der jeweiligen Stufe. Das ist ein Nachteil dieser Methode, der die tatsächliche Steuerbelastung nicht erkennen läßt, wenn auch die Steuerbelastung den Prozentsatz des höchsten zur Anwendung kommenden Steuersatzes nicht übersteigen kann.

Für eine soziale Differenzierung ist die direkte Methode der Nettoumsatzsteuer daher nur bedingt geeignet, weil die genaue Belastung der begünstigten Güter nicht ohne weiteres feststellbar ist. Eine Differenzierung aus wirtschaftspolitischen Gründen, z. B. niedriger Satz für Dienstleistungsbetriebe des Handwerks, kann dagegen auch bei diesem System zur vollen Auswirkung und Erfüllung des angestrebten Zweckes führen. Denn die Betriebe des begünstigten Wirtschaftszweiges, in denen z. B. geringe Vorumsätze oder schwache Überwälzungschancen gegeben sind, können auf ihre Nettoumsätze den niedrigeren Steuersatz zur Anwendung bringen; damit haben sie einen niedrigeren Steuerbetrag auf ihre Abnehmer zu überwälzen.

Ein Charakteristikum des **indirekten** Verfahrens der Nettoumsatzsteuer ist die sogenannte Nachholwirkung, deren Wirkung schon oben gezeigt wurde. Durch die Nachholwirkung entspricht auf jeder Stufe der Umsatzsteueranteil am Preis dem auf dieser Stufe angewendeten Steuersatz; wenn auf einen bestimmten Satz auf der nächsten Stufe ein niedrigerer Steuersatz folgt, wird die Steuerbelastung auf diesen Satz herabgedrückt und umgekehrt wird bei einem höheren Steuersatz, der einem niedrigeren auf der vorhergehenden Stufe folgt, die relative Steuerbelastung unter Nachholung der vorher weniger überwälzten Steuer auf den höheren Prozentsatz der Stufe angehoben. Daraus ergibt sich die Notwendigkeit, eine etwa angestrebte soziale Differenzierung auf der letzten Stufe vor Übergang eines Gutes in den Konsum durchzuführen, da bei Anwendung des niedrigeren Satzes auf einer früheren Stufe die Steuerbegünstigung aufgehoben werden könnte, es sei denn, daß auch auf den folgenden Stufen der niedrigere Satz angewendet werden darf. Allerdings ergibt sich hier die Schwierigkeit, die letzte Produktions- bzw. Handelsstufe vor dem Übergang in den Konsum zu bestimmen.

Eine Differenzierung aus wirtschaftspolitischen Gründen führt bei der indirekten Methode auf jeder Stufe zu dem gewünschten Ergebnis.

Für die Dienstleistungsbetriebe des Handwerks könnte z. B. ein im Vergleich zum Normal-Steuersatz niedrigerer Satz den für diese Betriebe bestimmten Umfang der Überwälzungs- und Inkassoaufgabe für Umsatzsteuer regulieren. Falls aber die so begünstigten Leistungen nicht konsumiert, sondern für einen Produzenten oder Händler erbracht werden, wird die Steuer in der nächsten Stufe evtl. auf Grund der Nachholwirkung nacherhoben. Hier besteht die Gefahr, daß eine Rückwälzung auf die vorherige Stufe einsetzt, insbesondere da der Steuerbetrag der Vorstufe in deren Rechnung offen ausgewiesen werden muß. Man kann annehmen, daß das Handwerk dieser Gefahr stark ausgesetzt ist, da es in der Regel der schwächere Marktpartner ist.

Schluß

Im Rahmen eines Nettoumsatzsteuersystems würden nach den Darlegungen in dieser Untersuchung die Besteuerungsgrundlagen im Handwerk durchaus ohne Schwierigkeiten ermittelt werden können. Die Kalkulation der Nettoumsatzsteuer würde jedoch wegen des Vorumsatz- bzw. Vorsteuerabzuges für Gemeinkosten an viele Handwerker nur schwer erfüllbare Anforderungen stellen.

Die Ergebnisse der Untersuchung lassen erkennen, daß eine Mehr-„Belastung" des gesamten Handwerks bzw. höhere Umsatzsteuerzahlungen unter den Voraussetzungen, die hier gemacht worden sind, durch die in Frage stehende Reform im Durchschnitt nicht veranlaßt würden, vielmehr für das Handwerk insgesamt eine Verringerung der Umsatzsteuerzahlungen eintreten würde. Die Steuerbelastung der Vorumsätze des Handwerks würde dagegen geringfügig steigen.

An Hand der Ergebnisse der Untersuchung kann für das gesamte Handwerk der Bundesrepublik und die Handwerksgruppen auch errechnet werden, welche Auswirkungen sich auf die Umsatzsteuerbelastung der Lieferungen und Leistungen sowie der Vorlieferungen des Handwerks ergeben, wenn einmal von einem verringerten Steuer-Soll ausgegangen werden kann. Ebenso können die Auswirkungen ermittelt werden, die sich durch jeden beliebigen Steuersatz ergeben.

Es ist festzustellen, daß günstige Auswirkungen des Nettoumsatzsteuersystems die angestrebte Lösung wichtiger Fragen der Mittelstandspolitik erleichtern könnten.

Spezielle Forderungen des Handwerks auf Schaffung ausreichender Voraussetzungen für einen echten Leistungswettbewerb in allen Wirtschaftsstufen unter Sicherstellung gleicher Startbedingungen für Klein- und Mittelbetriebe, Forderungen nach Klarheit, Einheitlichkeit und und Übersichtlichkeit des Steuerrechts sowie Forderungen auf Ausbau und Anwendung des Steuerrechts nach volkswirtschaftlichen, nicht fiskalischen Zwecken und eine organische Steuerreform können durch eine Nettoumsatzsteuer auf dem bedeutenden Sektor Umsatzsteuer erfüllt werden.

Anlage

Umsatzsteuergesetz*

Steuergegenstand und Geltungsbereich

§ 1
Steuerbare Umsätze

Der Umsatzsteuer unterliegen die folgenden Umsätze:
1. Die Lieferungen und sonstigen Leistungen, die ein Unternehmer im Inland gegen Entgelt im Rahmen seines Unternehmens ausführt.
Die Steuerpflicht wird nicht dadurch ausgeschlossen, daß der Umsatz auf Grund gesetzlicher oder behördlicher Vorschrift als bewirkt gilt;
2. der Eigenverbrauch. Solcher liegt vor, wenn ein Unternehmer im Inland Gegenstände aus seinem Unternehmen für Zwecke entnimmt, die außerhalb des Unternehmens liegen;
3. die Einfuhr von Gegenständen in das Inland (Ausgleichsteuer).

§ 2
Unternehmer, Unternehmen

(1) Unternehmer ist, wer eine gewerbliche oder berufliche Tätigkeit selbständig ausübt. Das Unternehmen umfaßt die gesamte gewerbliche oder berufliche Tätigkeit des Unternehmers. Gewerblich oder beruflich ist jede nachhaltige Tätigkeit zur Erzielung von Einnahmen, auch wenn die Absicht, Gewinn zu erzielen, fehlt oder eine Personenvereinigung nur gegenüber ihren eigenen Mitgliedern tätig wird.

(2) Die gewerbliche oder berufliche Tätigkeit wird nicht selbständig ausgeübt, soweit natürliche Personen, einzeln oder zusammengeschlossen, einem Unternehmen derart eingegliedert sind, daß sie den Weisungen des Unternehmers zu folgen verpflichtet sind.

(3) Die Ausübung der öffentlichen Gewalt ist keine gewerbliche oder berufliche Tätigkeit.

§ 3
Lieferung

(1) Lieferungen sind Leistungen, durch die der Unternehmer den Abnehmer oder in dessen Auftrag einen Dritten befähigt, im eigenen Namen über einen Gegenstand zu verfügen.

(2) Hat der Unternehmer die Bearbeitung oder Verarbeitung eines Gegenstandes übernommen und verwendet er hierbei Stoffe, die er selbst beschafft, so ist die Leistung als Lieferung anzusehen (Werklieferung), wenn es sich bei den Stoffen nicht nur um Zutaten oder sonstige Nebensachen handelt. Das gilt auch dann, wenn die Gegenstände mit dem Grund und Boden fest verbunden werden.

---

* Schmölders, Günter: Organische Steuerreform, Neufassung auf Grund eines Entwurfs des Finanzwissenschaftlichen Forschungsinstituts an der Universität Köln.

Anlage

§ 4
Steuerbefreiungen

Von den unter § 1 fallenden Umsätzen sind steuerfrei:
1. a) die Einfuhr von Gegenständen, für die ein im Tarif vorgesehener Zoll nach den Vorschriften des Zollrechts nicht erhoben wird oder, wenn ein solcher Zoll vorgesehen wäre, nicht erhoben würde. Die Bundesregierung kann Abweichungen bestimmen;
   b) die Einfuhr von Roh- und Hilfsstoffen, die für die deutsche Erzeugung erforderlich sind und im Inland nicht oder in nicht ausreichender Menge erzeugt werden. Die Bundesregierung bestimmt diese Gegenstände (Freiliste 1).
   Weitere Befreiungen der Einfuhr finden nur nach Maßgabe des § 15 statt;
2. die Ausfuhrlieferungen, wenn der buchmäßige Nachweis hierüber geführt ist;
3. die Lieferungen von Wasser, Gas, Elektrizität oder Wärme
   a) durch den Bund, die Länder, Gemeinden, Gemeindeverbände oder Zweckverbände;
   b) durch zusammenhängende Leitungen mehrerer Unternehmer mit Ausnahme der ersten Lieferung im Inland;
4. die Lieferungen auf Grund einer Versteigerung im Wege der Zwangsvollstreckung;
5. die Umsätze des Bundes in Post- und Fernmeldeverkehr einschließlich des Rundfunks und die auf Gesetz beruhenden Leistungen der Beförderungsunternehmer für diesen Verkehr;
6. die Kreditgewährungen und die Umsätze von Geldforderungen (z. B. von Wechseln und Schecken), von Wertpapieren, Anteilen an Gesellschaften und sonstigen Vereinigungen, Banknoten, Papiergeld, Geldsorten und von inländischen amtlichen Wertzeichen;
7. die Umsätze, die unter das Grunderwerbsteuergesetz, das Beförderungssteuergesetz, das Rennwett- und Lotteriegesetz, das Versicherungssteuergesetz, das Kapitalverkehrssteuergesetz Teil I (Gesellschaftsteuer) fallen, und Vergütungen im Sinne des § 12 Ziffer 3 des Körperschaftsteuergesetzes (Aufsichtsratsteuer);
8. die Verpachtungen und Vermietungen von Grundstücken, von Berechtigungen, auf welche die Vorschriften des bürgerlichen Rechts über Grundstücke Anwendung finden, und von staatlichen Hoheitsrechten, die sich auf die Nutzungen von Grund und Boden beziehen. Die Beherbergung in Gaststätten ist steuerpflichtig;
9. die ärztlichen und ähnlichen Hilfeleistungen, die Umsätze von Arznei-, Heil- und Hilfsmitteln, soweit Entgelte dafür von den reichsgesetzlichen Versicherungsträgern, den Ersatzkassen im Sinne der Reichsversicherungsordnung, den Krankenkassen der selbständigen Handwerker und Gewerbetreibenden und den Landes- und Bezirksfürsorgeverbänden zu zahlen sind. Dasselbe gilt auch für Heilanstalten und Krankenhäuser, soweit sie das Heilverfahren im Auftrage der reichsgesetzlichen Versicherungsträger, der Ersatzkassen im Sinne der Reichsversicherungsordnung und der Landes- und Bezirksfürsorgeverbände durchführen.
10. die Beherbergung, die Beköstigung und die üblichen Naturalleistungen, die ein Unternehmer den Angestellten und Arbeitern seines Unternehmens als Vergütung für die geleisteten Dienste gewährt. Zu den Angestellten und Arbeitern gehören auch die im Unternehmen vollbeschäf-

tigten und der Versicherungspflicht unterstellten Familienangehörigen, wenn sie das sechzehnte Lebensjahr überschritten haben;

11. die Gewährung von Beherbergung, Beköstigung und den üblichen Naturalleistungen durch Personen und Anstalten, soweit sie überwiegend Personen unter 21 Jahren für Erziehungs- und Ausbildungszwecke außerhalb des Wohnsitzes der Eltern bei sich aufnehmen;

12. die Leistungen von staatlich genehmigten und beaufsichtigten privaten Schulen, wenn diese wohltätigen oder gemeinnützigen Zwecken dienen oder nach Art einer Stiftung verwaltet werden;
oder
wenn diese als Ersatz für öffentliche Schulen dienen und durch ihre Arbeit das öffentliche Schulwesen ergänzen und fördern, sofern die Entgelte die für den jeweiligen Zweck erforderlichen Selbstkosten nicht übersteigen;

13. die Umsätze aus der Tätigkeit der Krankenhäuser öffentlich-rechtlicher Körperschaften;

14. die Leistungen der amtlich anerkannten Verbände der freien Wohlfahrtspflege einschließlich ihrer Untergliederungen, Einrichtungen und Anstalten, die ausschließlich und unmittelbar gemeinnützigen, mildtätigen oder kirchlichen Zwecken dienen, wenn

a) die Leistungen unmittelbar dem nach der Satzung, Stiftung oder sonstigen Verfassung begünstigten Personenkreis zugute kommen und

b) die Entgelte für die in Betracht kommenden Leistungen hinter den durchschnittlich für gleichartige Leistungen von Erwerbsunternehmen verlangten Entgelten zurückbleiben;

15. die Umsätze aus der Tätigkeit als Privatgelehrter, Künstler, Schriftsteller, Journalist, Handlungsagent oder Makler;

16. die Umsätze der Hausgewerbetreibenden, der Blinden und der Blindenanstalten nach näherer Bestimmung der Bundesregierung;

17. der Eigenverbrauch bei land- und forstwirtschaftlichen Betrieben, wenn in diesen die Umsätze nach § 1 Ziffer 1 und 2 im letzten vorangegangenen Kalenderjahr 10 000 Deutsche Mark nicht überstiegen haben.

Besteuerungsmaßstab

§ 5

Besteuerungsmaßstab für die Lieferungen und sonstigen Leistungen und für den Eigenverbrauch

(1) Der Umsatz wird im Fall des § 1 Ziffer 1 nach dem vereinbarten Entgelt bemessen. Ausländische Werte sind nach näherer Bestimmung der Bundesregierung umzurechnen. Im Fall des § 1 Ziffer 2 tritt an die Stelle des vereinbarten Entgelts der Preis, der am Ort und zur Zeit der Entnahme für Gegenstände der gleichen oder ähnlichen Art von Wiederverkäufern gezahlt zu werden pflegt. Bei der Übertragung der mit dem Besitz eines Pfandscheines verbundenen Rechte gilt als vereinbartes Entgelt der Preis des Pfandscheins zuzüglich der Pfandsumme.

(2) Beim Tausch, bei tauschähnlichen Umsätzen und bei Hingabe an Zahlung Statt gilt der Wert jedes Umsatzes als Entgelt für den anderen Umsatz.

(3) Zum Entgelt gehören nicht die Beträge, die der Unternehmer im Namen und für Rechnung eines anderen vereinnahmt und verausgabt (durchlaufende Posten).

(4) Vom Entgelt für steuerpflichtige Umsätze können abgesetzt werden:

1. die Ausgaben des Unternehmers für die Versendung und Versicherung von Gegenständen nach näherer Bestimmung der Bundesregierung;
2. die Kosten der Warenumschließung, wenn der Lieferer diese zurücknimmt und das Entgelt um den auf sie entfallenden Teil mindert;
3. vom Spediteur, Frachtführer und Handlungsagenten die Auslagen an Zoll und Ausgleichsteuer, die sie für ihre Auftraggeber entrichten.

§ 6
Besteuerungsmaßstab für die Einfuhr

(1) Die Ausgleichsteuer wird nach dem Erwerbspreis oder, wenn der Erwerbspreis nicht vorhanden ist, an dessen Stelle nach dem Wert des eingeführten Gegenstandes bemessen. Maßgebend ist der Erwerbspreis oder der Wert im Zeitpunkt der Entstehung der Steuerschuld. Dem Erwerbspreis oder dem Wert sind die bis zu diesem Zeitpunkt entstandenen Beförderungs-, Versicherungs-, Kommissions- und Verpackungskosten und der auf den Gegenstand entfallende Betrag an Zoll und an Verbrauchsteuer (ausschließlich der Ausgleichsteuer) hinzuzurechnen, soweit sie nicht bereits in ihm enthalten sind.

(2) § 5 Absatz 1 Satz 2 findet entsprechende Anwendung.

(3) Die Bundesregierung kann für die Bemessung der Ausgleichsteuer Durchschnittswerte für bestimmte Gegenstände oder Gruppen von Gegenständen festsetzen. Der Durchschnittswert tritt an die Stelle des im Absatz 1 genannten Erwerbspreises oder Wertes.

§ 7
Steuersätze

(1) Die Steuer beträgt für jeden steuerpflichtigen Umsatz im Sinne des § 1 Ziffern 1 und 2 .... vH der Bemessungsgrundlage (§ 8).

(2) Die Steuer ermäßigt sich
1. auf ... vH für die Lieferungen und den Eigenverbrauch von Steinkohle, Braunkohle, Holzkohle, Koks, Briketts, Teer und Torf; Wasser, Gas, Elektrizität, Preßluft, Treibgas und Heizdampf;
2. auf ... vH für die Lieferungen und den Eigenverbrauch von Frischmilch, Nahrungsfetten (Butter, Butterschmalz, Margarine, Kunstspeise- und Plattenfett, pflanzliche Öle), Zucker, Grieß und Teigwaren;
3. auf ... vH für die Lieferungen und den Eigenverbrauch
   a) von Gegenständen, die innerhalb eines land- und forstwirtschaftlichen Betriebes im Inland erzeugt werden, soweit der Erzeuger die Gegenstände selbst liefert;
   b) von Getreide, von Mehl, Schrot oder Kleie aus Getreide und von daraus hergestellten Backwaren.

(3) Die Ausgleichsteuer (§ 1 Ziffer 3) beträgt ... vH des Erwerbspreises oder Wertes (§ 5). Sie ermäßigt sich für die Einfuhr der im Absatz 2 Ziffer 1 genannten Gegenstände auf ... vH, der in Ziffer 2 genannten Gegenstände auf ... vH und der in Ziffer 3 genannten Gegenstände auf ... vH.

§ 8
Ermittlung der Bemessungsgrundlage

(1) Für die Ermittlung der Bemessungsgrundlage ist auszugehen von der Summe der Entgelte, die der Unternehmer im Voranmeldungszeitraum für

seine Umsätze vereinbart (vereinnahmt) hat, zuzüglich des Wertes seines Eigenverbauchs. Davon sind als Vorumsätze die Gegenwerte für folgende Lieferungen und Leistungen des dem Voranmeldezeitraum vorangegangenen Kalendermonats (Kalendervierteljahres) abzusetzen:
1. die Summe der für Rechnung des Unternehmers eingeführten Werte;
2. die Summe der vereinbarten Entgelte für an den Unternehmer bewirkte Lieferungen und Leistungen, die nach diesem Gesetz oder nach dem Beförderungs- oder Versicherungssteuergesetz beim Leistenden steuerpflichtig sind;
3. die Summe der vereinbarten Entgelte für an den Unternehmer bewirkte Lieferungen, die nach § 4 Ziffer 3 steuerfrei sind.

(2) Die Absetzung der in Absatz 1 Satz 2 bezeichneten Beträge ist nur zulässig, wenn aus der von dem Leistenden erteilten Rechnung einwandfrei zu erkennen ist, daß die Lieferung oder Leistung einen der in Absatz 1 Satz 2 Ziffern 1 bis 3 genannten Tatbestände erfüllt und nur insoweit, als die Höhe der Entgelte oder Werte buchmäßig nachgewiesen ist.

(3) Ergibt sich in einem Voranmeldungszeitraum, daß die Summe der nach Absatz 1 Satz 2 Ziffern 1 bis 3 abzusetzenden Posten höher ist als die Summe der Entgelte nach Absatz 1 Satz 1, so ist der Überschuß im folgenden Voranmeldungszeitraum zu verrechnen. § 16 dieses Gesetzes bleibt unberührt.

(4) Für die Veranlagung zur Umsatzsteuer wird die Bemessungsgrundlage durch Zusammenrechnung der Beträge und abzusetzenden Posten gemäß Absatz 1 für sämtliche Voranmeldungszeiträume des Veranlagungszeitraums ermittelt.

§ 9
Steuerschuldner

Steuerschuldner ist in den Fällen des § 1 Ziffern 1 und 2 der Unternehmer.

§ 10
Steuerüberwälzung

(1) Der Steuerschuldner ist im Fall des § 1 Ziffer 1 nicht berechtigt, die Steuer neben dem Entgelt ganz oder teilweise gesondert anzufordern oder das Entgelt, das er für den an ihn bewirkten Umsatz zu entrichten hat, um die von ihm geschuldete Steuer zu kürzen. Er kann jedoch die Steuer gesondert anfordern, wenn als Entgelt gesetzlich bemessene Gebühren angesetzt werden.

(2) Ein Rechtsgeschäft, in dem eine entgegenstehende Vereinbarung enthalten ist, ist insoweit nichtig.

§ 11
Steuerberechnung
Veranlagungszeitraum und Einzelbesteuerung

(1) Bei der Berechnung der Steuer ist in den Fällen des § 1 Ziffern 1 und 2 von der nach § 8 ermittelten Bemessungsgrundlage eines Kalenderjahres auszugehen (Veranlagungszeitraum). Hat der Unternehmer mehrere Betriebe, so sind die in allen Betrieben vereinbarten (vereinnahmten) Entgelte zusammenzurechnen. Das Finanzamt kann anordnen, daß der Steuerberechnung ein kürzerer Zeitraum als das Kalenderjahr zugrunde gelegt wird. Hat ein Unternehmer, der seine gewerbliche oder berufliche Tätigkeit im Lauf des Kalenderjahres eröffnet oder eingestellt hat, Entgelte nur in einem Teil des Kalenderjahres vereinnahmt, so tritt an die Stelle des Kalenderjahres dieser Teil.

Anlage

(2) Die Ausgleichsteuer wird für jeden einzelnen steuerpflichtigen Vorgang berechnet.

§ 12
Zurückgewährte Entgelte

(1) Gewährt ein Unternehmer vereinbarte (vereinnahmte) Entgelte zurück, für die er bereits im Voranmeldungszeitraum (§ 13) die Steuer entrichtet hat, so ist dieser Betrag von der Bemessungsgrundlage des Voranmeldungszeitraums abzusetzen, in dem er zurückgewährt wird.

(2) Werden einem Unternehmer vereinbarte (vereinnahmte) Entgelte zurückgewährt, die er bereits in einem Voranmeldungszeitraum bei der Ermittlung der Bemessungsgrundlage gemäß § 8 Absatz 1 Satz 2 abgesetzt hat, so ist dieser Betrag der Bemessungsgrundlage des Voranmeldungszeitraums hinzuzusetzen, in welchem der Unternehmer diese Beträge zurückgewährt erhält.

§ 13
Voranmeldung, Vorauszahlung und Veranlagung

(1) Der Unternehmer hat binnen zehn Tagen nach Ablauf eines Kalendermonats, der Unternehmer, dessen Umsatzsteuer für das letzte vorangegangene Kalenderjahr weniger als achthundert Deutsche Mark beträgt, binnen zehn Tagen nach Ablauf eines jeden Kalendervierteljahres eine Voranmeldung abzugeben, in der er die Bemessungsgrundlagen nach § 8 getrennt für die steuerpflichtigen Umsätze nach § 7 Absatz 1 und 2 verzeichnet. Die steuerfreien Umsätze nach § 4 sind gesondert auszuweisen. Er hat gleichzeitig eine Vorauszahlung zu entrichten, die der Höhe der sich ergebenden Steuerschuld entspricht. Die Pflicht zur Abgabe einer Vorauszahlung entfällt, wenn die Vorauszahlung für das Kalendervierteljahr fünf Deutsche Mark nicht übersteigt.

(2) Die Voranmeldung gilt als Steuererklärung. Die Vorauszahlung ist Steuer im Sinne der Reichsabgabenordnung. Gibt der Unternehmer bis zum Ablauf der Voranmeldungsfrist eine Voranmeldung nicht ab oder hat er in einer Voranmeldung die Bemessungsgrundlage oder den Steuerbetrag nicht richtig angegeben, so setzt das Finanzamt die Vorauszahlung fest. Als Zeitpunkt ihrer Fälligkeit gilt der zehnte Tag nach Ablauf des Zeitraums, für den die Steuer festgesetzt ist.

(3) Der Unternehmer wird nach Ablauf des Kalenderjahres oder des kürzeren Varanlagungszeitraums (§ 11 Absatz 1) zur Steuer veranlagt. Wenn die bei der Veranlagung festgesetzte Steuer die nach den Absätzen 1 und 2 zu entrichtenden Vorauszahlungen übersteigt, so ist der Unterschiedsbetrag binnen einem Monat nach Bekanntgabe des Steuerbescheides zu entrichten (Abschlußzahlung). Die Verpflichtung, rückständige Vorauszahlungen schon früher zu entrichten, bleibt unberührt. Übersteigen die nach den Absätzen 1 und 2 entrichteten Vorauszahlungen die Steuerschuld für den Veranlagungszeitraum, so wird der Unterschiedsbetrag nach Bekanntgabe des Steuerbescheides durch Aufrechnung oder Zurückzahlung ausgeglichen.

§ 14
Besteuerung nach vereinnahmten Entgelten

(1) Das Finanzamt kann auf Antrag gestatten, daß bei der Ermittlung der Steuer nicht von den vereinbarten Entgelten (Solleinnahme), sondern von den vereinnahmten Entgelten (Isteinnahme) ausgegangen wird. Der Antrag kann auf einen von mehreren Betrieben des gleichen Unternehmens be-

schränkt werden. Dem Antrag ist nur stattzugeben, wenn der Unternehmer eine ordnungsmäßige Buchführung im Sinne der §§ 160 und 161 AO besitzt.

(2) Ist die Besteuerung nach vereinnahmten Entgelten gestattet, so treten in diesem Gesetz an die Stelle der vereinbarten Entgelte die vereinnahmten Entgelte; § 8 Absatz 1 Satz 2 bleibt unberührt.

(3) Das Finanzamt kann den Übergang von der einen zu der anderen Besteuerungsart zur Sicherung des Steueraufkommens an Auflagen knüpfen.

§ 15
Sondervorschriften für Ausgleichsteuer

(1) Die Ausgleichsteuer ist eine Verbrauchsteuer im Sinne der Reichsabgabenordnung.

(2) Bei der Ausgleichsteuer finden für die Entstehung der Steuerschuld und die Person des Steuerschuldners, für die Fälligkeit, die Erhebung, die Erteilung des Steuerbescheides und den Zahlungsaufschub, für die persönliche und dingliche Haftung, für die Steueraufsicht, das Strafrecht und für die Zollausschüsse die Vorschriften, die für Zölle gelten, sinngemäß Anwendung. Die Bundesregierung kann Anordnungen treffen, die von Satz 1 abweichen. Solche Anordnungen sind sowohl zur Erweiterung als auch zur Einschränkung des Satzes 1 zulässig. Soweit die Vorschriften, die für Zölle gelten, sinngemäß anzuwenden sind, sind nicht zollbare Waren ebenso wie zollbare Waren zu behandeln.

§ 16
Steuervergütungen

(1) Weist ein Unternehmer nach, daß er Gegenstände in das Ausland ausgeführt hat, so ist das für diese Lieferung vereinbarte (vereinnahmte) Entgelt nicht in die Bemessungsgrundlage nach § 8 einzubeziehen.

(2) Übersteigt auf Grund von Ausfuhrlieferungen und Lieferungen im Ausland die Summe der abzugsfähigen Posten (§ 8 Absatz 1 Satz 2 Ziffern 1 bis 3) den Ausgangsbetrag (§ 8 Absatz 1 Satz 1), so ist dem Unternehmer auf Antrag der Betrag zu vergüten, der sich aus der Anwendung des entsprechenden Steuersatzes nach § 7 Absatz 1 und 2 auf den übersteigenden Betrag ergibt (Ausfuhrvergütung).

§ 17
Steueraufsicht

Die Unternehmer unterliegen der Steueraufsicht.

§ 18
Ermächtigung zu Durchführungsbestimmungen

§ 19
Übergangsregelung, Inkrafttreten

Literaturverzeichnis

A. Bücher

Bau, Karl: Neugestaltung der Umsatzsteuer, Köln 1925.
Bundesministerium der Finanzen: Finanzbericht Nr. 10, Die Umsatzbesteuerung im Ausland; Belgien, Frankreich, Großbritannien, Bonn 1954.
Degmeyer, Hans: Die handelsrechtlichen und steuerlichen Anforderungen an die Buchhaltung des Handwerkers, Stuttgart 1953.
Elbern, Hans: Die Entwicklung des Rechnungswesens im Handwerk des Kreises Erkelenz, Diss. Köln 1941.
Erlemann, Paul: Die Bedeutung der Umsatzsteuer für die Preise und die Handels- und Verarbeitungsspannen der Nahrungsmittel, Diss. Bonn 1951.
üllemann, Kurt: Die Buchhaltung im Handwerksbetrieb, Zürich 1952.
Hübschmann-Hepp-Spitaler: Kommentar zur Reichsabgabenordnung, Köln 1954.
Ifo-Institut für Wirtschaftsforschung: Untersuchungen zur großen Steuerreform, Teil I: Voruntersuchungen, München 1953.
Institut Finanzen und Steuern: Grundlagen und Möglichkeiten einer organischen Finanz- und Steuerreform, Bonn 1954.
Kleinjohann, Karl: Die Ertragsfähigkeit der Umsatzsteuer, Berlin 1954.
Meier, Albert: Phasenpauschalierung und andere Wege der Umsatzsteuerreform, Berlin 1933.
Meier, Johannes: Zur Reform der Umsatzsteuer, Berlin 1931.
Müller-Armack, Alfred: Wirtschaftslenkung und Marktwirtschaft, Hamburg 1947.
Popitz-Kloss-Grabower: Kommentar zum Umsatzsteuergesetz, 3. Auflage, Berlin 1928/30.
Raabe, Karl-Heinz: Probleme einer Reform der Umsatzsteuer, Diss. Kiel 1952.
Ritschl, Hans: Die große Steuerreform, Hamburg 1953.
Schmölders, Günter: Finanzpolitik, Berlin 1955.
Schmölders, Günter: Organische Steuerreform, Berlin und Frankfurt 1953.
Schubert, Werner: Die Kumulativwirkung der deutschen Umsatzsteuer, Köln 1950.
Siewert, Wolfgang: Strukturwandlungen des Handwerks im Rahmen der Wirtschaftsentwicklung, Berlin 1954.
Statistisches Bundesamt: Statistik der Bundesrepublik Deutschland, Band 16, Handwerkszählung vom 30. September 1949, Stuttgart 1952.
Troeger, Heinrich: Diskussionsbeiträge des Arbeitsausschusses für die Große Steuerreform, Stuttgart 1954.
Weber-Bannenberg, Hans: Steuern von Steuern, Köln 1951.
Wissenschaftlicher Beirat beim Bundesministerium der Finanzen: Organische Steuerreform, Bonn 1953.
Zierold-Pritsch, Bruno: Die optimale Umsatzsteuer, Köln 1954.

B. Aufsätze

Ito, Hanya: Theorie und Technik der Nettoumsatzsteuer in Japan, in: Finanzarchiv, Neue Folge, Band 15, Heft 3, Tübingen 1955.

Luther, Hans: Denkschrift über eine Abänderung der jetzigen Umsatzbesteuerung, Drucksache des Reichstages Nr. 588, 1924, Anlage 1.

Rössle, Karl: Handwerksbetrieb, in: Handwörterbuch der Sozial-Wissenschaften, Göttingen 1953, Sp. 43 ff.

Schmölders, Günter: Steuersystem und Wettbewerbsordnung, in: Ordo-Jahrbuch, Bd. 3, 1950, S. 135 ff.

Schmölders, Günter: Die Veredelung der Umsatzsteuer, in: Finances Publiques, Vol. 9, No. 2, La Haye, o. J.

Schmölders, Günther: Die Umsatzsteuern, in: Handbuch der Finanzwissenschaft, Tübingen 1955.

Schünemann, Wilhelm: Wirtschaftsbilanz des Handwerks 1954, in: Deutsches Handwerksblatt, 7. Jahrgang, 1955, Heft 3, S. 33 f.

Schulz, Reinhold: Die betriebswirtschaftliche Struktur des Handwerks, in: Wirtschaft und Statistik, 1955, Heft 6, S. 294 ff.

Siedbürger, Hans: Die einfache Buchführung in den Handwerkszweigen, in: Deutsches Handwerksblatt, 1949, Heft 19, S. 330 f.

Wernet, Wilhelm: Das gewerblich-kleinbetriebliche Element im modernen Industrialismus, in: Schmollers Jahrbuch, 1954, Heft 6, S. 1 ff.